斉藤勝

占領期日本　三つの闇

検閲・公職追放・疑獄

GS
幻冬舎新書
753

はじめに

日本人がよく知らない時代

戦後80年を迎える今、私たち日本人があまり正確に理解していない、あるいは、あまり語ろうとしない時代がある。１９４５年夏の終戦から始まる、戦勝国のアメリカを中心とした進駐軍、ＧＨＱ（連合国軍最高司令官総司令部）によって支配された「占領期」である。52年まで約7年間に及んだ。国が敗れた経験のなかった日本人が、恐らく歴史上、最も「堪《た》え難きを堪え、忍び難きを忍んだ」期間だった。

空襲による焼け野原、餓死者が続出した食糧難、親や家族を失った戦災孤児たち……。そんな中で新しい憲法が制定され、国民が立ち上がり、奇跡の復興の足掛かりをつかんだ時代だというイメージはあるが、あまり詳しいことを知らない人が多い。若い世代になれば、いっそう分からない。東京の真ん中で地名などは英語標記があふれ、皇居前のＧＨＱ本部ビル屋上には星条旗がひるがえり、外国人兵士たちが都心を歩いていたことなど、想像もつかないことだろう。

その時国民は、政治家は、メディアは、検察は、天皇は

この時期に起きた、日本人が忘れつつある三つの重大事、大事件を知って、少しでも占領期を理解していただくのが、本書の目的である。異国支配とは、敗戦国の悲しみとは。占領期の「闇」の中で国民は、政治家は、メディアは、検察はどんなことをしていたか、あるいはマッカーサー（連合国軍最高司令官）率いるGHQにどんな抵抗をしたのか。昭和天皇はどのような思いであったのか、どんな言動をしたのか。

私はテーマとして、年代順に検閲、公職追放、疑獄事件を選んだ。第1章はGHQが郵便や新聞、放送などに行っていた「検閲」。郵便物など通信検閲は全ての日本国民が対象となり、4年間で約2億通が開封され、GHQは得た情報などを占領政策に利用していた。日本人の本音を盗み見ていたのだ。

戦前は内務省が、発行された書籍、新聞などを審査して、問題のあるものは発行・販売の禁止や、現物の没収、罰金、禁固刑などの処分となった。終戦後は進駐軍がやって来て、検閲がなくなり、言論の自由が確立したと思っていたら、なんとGHQは新憲法下でも禁じられた検閲を続けていたのである。検閲はGHQの秘密機関が行っていたので、ほとんどの日本人は東京駅前の東京中央郵便局で大規模な検閲が行われていたことに気付かなかった。

また、全てのメディアに対しても、戦前の日本でさえ行ってない発行前の記事を提出させる

「事前検閲」を実施。反占領軍、反連合国と見なされた記事はボツとなるか、削除されて書き換えさせられた。有力新聞が「GHQの機関紙」と噂されるほどに、GHQは短時間で日本の言論をコントロールしていった。

第2章は、占領期最大の恐怖と言われた「公職追放」。GHQの主導で終戦の翌年（46年）正月早々に始まった公職追放で、職業軍人のほかに、「好ましくない人物」と判断された政治家、経済人、言論人、地方の実力者らを対象にして、約21万人がパージされた。総選挙で第1党となった自由党の鳩山一郎総裁は組閣直前に、GHQが強権発動した直接の指令で追放された。鳩山の言動が、敗戦国のリーダーとしての自覚、反省が足りないと見なされ、「見せしめのパージ」となった。

さらに次の年（47年）には、地方などを対象にした大規模なパージが行われ、戦時色が濃くなった頃から終戦までの町内会長、区長らも追放された。民主化を急ぐGHQが、日本の指導者層を入れ替えるために荒療治を続けた。

こうした追放拡大に不満を漏らしていた昭和天皇が、米国大統領特使の訪日の機会をとらえてついに動いた。側近を通じて「公職追放の緩和が日米双方の国益に最も好ましい影響を与える」などと記した〝天皇メッセージ〟を送り、米国政府に思いを伝えた。新憲法下では政治的権限のない天皇が、日本の復興のため、異例の言動で独自外交を展開したのである。

GHQと最も激しく闘ったのは石橋湛山《たんざん》（後に首相）だった。大蔵大臣としてGHQに経費削減を実行させ、石橋人気は高まっていく。しかし、GHQに恨まれ、吉田茂首相にも政治的ライバルとして警戒された石橋は、GHQによる追放理由のでっち上げでパージされた。反撃を開始した石橋の奮闘がGHQの対日占領政策を転換させる契機にもなっていく。

第3章は、二つの内閣が倒れた昭電・造船「疑獄」。占領期から独立回復期にかけての日本政治を理解するには、政権打倒となる疑獄を理解しておかないと政界の背景がよく分からないのでこの章を設けた。

48年に発覚した昭電疑獄は、食糧生産に欠かせない化学肥料を作っていた「昭和電工」を舞台にした政界汚職事件だ。政府が経済再建のため、基幹産業の復興を目指して設けた「復興金融金庫」の融資獲得を狙って、民間の各社が政界や官界に現金をばらまいて近付いていった。社会党委員長を首班とした片山哲内閣の後を継いだ中道の芦田均《ひとし》内閣だったが、昭電から閣僚に金が流れていたことが分かり、副総理が逮捕されて内閣は発足7カ月で総辞職となった。芦田前首相も間もなく逮捕された（後に無罪）。

GHQで、日本の保守政権の復活を嫌った「民政局」の実力者にも収賄疑惑があり、事件を複雑にしている。一方、検察幹部は「米軍占領下で総理大臣を逮捕してもよいか」と悩んでいた。

翌年に最強の捜査機関と呼ばれる「東京地検特捜部」を誕生させた検察は、54年、長期政権を続けている吉田内閣と対決した。「造船疑獄」である。2年前に日本は独立を回復し、占領期は終わっているが、事件の背景には第2章の公職追放があり、昭電疑獄と同様に〝復興マネー〟をめぐる事件なので本書に入れた。

疑惑の中心人物は、吉田が後進を育てた「吉田学校」の門下生で、政権党・自由党の幹事長、佐藤栄作。後に師を上回る7年8カ月の長期政権を維持し、さらに日本人初のノーベル平和賞を受賞した。

官僚、国会議員が次々と逮捕される中、吉田首相らは嫌がる法相に、佐藤幹事長逮捕の延期を検事総長に命じる「指揮権」を発動させた。国会は大荒れとなり、最後は公職追放を経験した保守系実力者を軸にした「日本民主党」（鳩山一郎総裁）が結成され、吉田を追い詰めていく。〝追放解除組〟の怨念が感じられる。

吉田茂の国葬で語られた「民族の誇りと自信を失わんとした時」

翌年に民主、自由両党が保守合同して自由民主党が誕生するが、吉田と佐藤は新党に参加しなかった。佐藤は、指揮権で逮捕から守ってくれた吉田に殉じたのだった。二人が自民党に入党したのは1年余たってからになる。

占領期が終わって15年、吉田は佐藤が首相だった67年に亡くなり、戦後、首相経験者としては初の「国葬」が行われた。葬儀委員長の佐藤は、追悼の辞で次のように述べている。

「[吉田先生が五たび首相を務めた]この時代は、われわれ日本民族にとってまことに忘れることのできない苦難の時代でありました。(中略)有史以来はじめての敗戦、占領軍の進駐というきびしい現実に国民の大半が民族的誇りと自信を失わんとしたとき、先生は内閣の首班として、この事態を冷静に直視しつつその奮起をうながし、卓越した指導力によって、すべてを国家再建の一点に結集すべく努められたのであります」

占領期のキーマンだった吉田と佐藤の師弟は、このような思いで異国支配の時代を闘っていたのだろう。

戦後最初の疑獄からさかのぼる

実を言うと、筆者の取材は本書の章立てとは逆に、最終章の疑獄から始めた。新聞社の社会部記者時代、最初に東京地検特捜部や裁判などを担当する「司法記者クラブ」の所属になった(1981年)。当時はロッキード裁判がニュースの中心だったから、疑獄事件というものに関心を持った。いつか、時間が自由になるようになったら、戦後最初の疑獄を調べてみたいと思っていた。

昭電疑獄を調べたら、すぐに時代の近い造船疑獄もやってみようと挑戦した。前述した通り、造船疑獄の背景には公職追放があるので、それについて調べ始めた。しかし、私はこの分野の門外漢であったので、第一人者にお会いして疑問点を解消していこうと考えた。独善的なことを書いてしまうことも避けたかったからだ。幸いにも、公職追放研究の第一人者で、GHQの元追放担当官（後に米国の大学教授）から直接指導を受けた増田弘・立正大学名誉教授（平和祈念展示資料館館長）が度重なる取材に応じてくださった。第2章は、最も信頼出来る増田先生の解説やコメントと共に進んでいる。

公職追放の次は、パージと同様にGHQが強権を発動して戦勝国の振る舞いを日本国民に見せた検閲を調べてみることにした。検閲も私は専門的知識がほとんどなかったので、第一人者の山本武利・一橋大学、早稲田大学名誉教授に取材インタビューをお願いした。先生は独自の調査で得たスクープネタを、惜しみなく教えてくださった。第1章の最後に書いたが、山本先生は米国に渡った占領期全資料群の返還を訴えている。80歳を超えた先生とのご自宅での取材は、3時間を過ぎても終わらなかった。

こうして私の好奇心を一つずつ拡大させて、占領期ものとしてまとめたのが本書である。出来るだけ読みやすく、短くしたいと考えたので、脚注は省略して、各章の最後に参考・引用文献の一覧を付けた。この中には埋もれた書も少なくないが、価値ある本が多く、この時代に興味を持つ方々や研究家の参考になればと思い、掲載した。

占領期日本　三つの闇／目次

第3章 内閣が倒れた昭電・造船「疑獄」 153

DTP　美創

＊読みやすさを考え、引用文については、旧字を新字に変更する、ルビを加える、文章を一部変更するなどしています。
また、引用文中の［　］は、本書筆者による補足です。

＊本文中の写真で出典の記載がないものはWikimedia Commonsに依ります。

第1章 隠された、GHQによる「検閲」

1　九州帝大・捕虜生体解剖事件の端緒は郵便検閲

東京中央郵便局が検閲の最大の現場

東京駅前に立つ東京中央郵便局。今は超高層ビルとなったが、1931年に建築された旧庁舎の外観は創建時のものに復元されており、昭和の趣を残す。内部は1階から5階まで広大な吹き抜けに改装され、商業施設になっている。4階には復元された旧局長室があり、当時のレトロな雰囲気を漂わせている。

この東京中央郵便局こそ、日本で行われたGHQ検閲の最大の現場だった。はがきや手紙など郵便物が次々と開封され、日本人の検閲官が上司の米将校らが分かるよう翻訳して報告していたのである。

マッカーサー連合国軍最高司令官が率いるGHQで、検閲を扱う本部はG2（参謀第2部）。その下に民間諜報《ちょうほう》局が置かれ、同局に属して、検閲を行うCCD（Civil Censorship Detachment＝民間検閲局。民間検閲支隊とも訳される）があった。CCDには郵便、電信、電話の検閲を行う通信部門と、新聞、出版、映画、演劇、放送などの検閲を担当する「PPB

部門」があった。

「ＣＣＤは秘密機関だったので、その活動は全占領期間を通じて非公然で、一般メディアに登場することはなかった。占領当初の職員は１０００人に達しなかったが、英語が出来る日本人がどんどん採用され、47年のピーク時には８７００人に膨れ上がり、その9割以上は日本人。職員数はＧＨＱの他の部局よりも抜きんでて多かった。しかし、ＣＣＤは廃局と同時に関係文書などを廃棄して、日本からそっと姿を消した。だから、ＣＣＤが東京のど真ん中で検閲作業をしていたのに、日本人には何も分からなかった」

こう語るのは検閲研究の第一人者で、米国でのＧＨＱ資料調査や元検閲官のインタビューを行った山本武利・一橋大学、早稲田大学名誉教授である。専門は近代日本メディア史・インテリジェンス史で、ＮＰＯ法人インテリジェンス研究所理事長を務め、著書に『ＧＨＱの検閲・諜報・宣伝工作』『検閲官　発見されたＧＨＱ名簿』などがある。

現在の東京中央郵便局(筆者撮影)

山本武利氏（筆者撮影）

開封された郵便は2億通

ＧＨＱによる通信の検閲は終戦の翌月、つまり1945年9月から始まり、49年10月まで行われた。山本氏によると、その間、郵便は約2億通、電報は1億3600万通が開封され、電話は約80万回が盗聴されたという。

ＣＣＤは全国を三つに区分し、第Ⅰ区が東日本・北海道、第Ⅱ区が関西・四国、第Ⅲ区は九州・中国としていた。郵便検閲の仕組みを見ておこう。指定された種類・量の郵便物が全国の郵便局から各ＣＣＤ本部、支部に毎日集まってくる。ＧＨＱが要監視と判断した人物、組織名、住所などを載せたブラックリスト（正式名はウォッチ・リスト）が用意されており、該当するものは開封された。

それ以外の郵便物は、名前、住所などからウォッチ・リストと何らかの類似性があると判断されると開封の対象になった。それ以外のものは「検査済み」などの印が押され、一般郵便物として戻され、配達された。

手紙の開封は、封の下をハサミで切って行われた。問題なしと判断されると、ビニールテープを貼って封をし、「検閲によって開封」などのＣＣＤの印が押され、配達された。このビニールテープは当時、日本では出回っていなかったので、珍しがられたという。また、速達や書留も多くが開封された。

作業は日本人検閲者が行うが、判別のつかないものは問題個所を英訳して、所属班の責任者に渡した。当初は班長の多くが日系2世だった（時間がたつと、日本人班長が増加）。米政府は戦時中、日本語能力のあるアメリカ人が極めて少なかったので、アメリカに忠誠を誓う日系人を強制収容所から解放し、再教育して軍隊に派遣していた。そうした日系2世がGHQにもいて、日本人職員と米軍人幹部らの間に立って働いていた。

CCDには、専門工作部という特別なチームがあった。本当に怪しい、あるいは重要な郵便と思われるものは、湯気を使って開封して中身を見た後、また元通りに封をして、配達された。相手に検閲していると気付かれないよう工作し、その後も情報を入手する特殊作戦が展開されていた。

開封した郵便物で世論調査もやっていた

「GHQの検閲の最大目標は、ウォッチ・リストに収録した大物の秘密インテリジェンスの摘発だった。また、GHQが憲法違反をしてまで大規模な検閲を行った主目的は、マッカーサーのための情報管理と世論操作だった」と山本氏は指摘する。

GHQが中国で生物（細菌）兵器の研究・開発を行っていた旧日本陸軍731部隊の関係者をウォッチ・リストに載せ、郵便やそのほかの交信記録を検閲、追跡していたことは明らかになっている。

日本の世論動向の把握に努めていたGHQは、1946年9月から全国の郵便を集めて内容を分析し、独自の〝世論調査〟を行っていた。毎月、40万を超える膨大な手紙のサンプリング調査で、政府・議会・天皇制・共産主義・占領政策・占領軍などについて、賛成・反対など、日本人の本音を調べていた。

「手紙、電話に至るまできめ細かいインテリジェンスのネットワークを全国に張りめぐらせていたマッカーサーは、地方へ行かず、住まいのアメリカ大使館公邸と、GHQがあった第一生命ビルを往復するだけで、被支配者である日本人の心情、思想さらに行動までも手に取るように把握することが出来た。彼にとって最も役立ったのは、郵便検閲による副産物、いや主産物であった世論調査であったと思われる」（山本氏）

マッカーサーは36歳だった1916年、米国の第一次世界大戦参戦を前にして、陸軍広報部の新聞検閲官を務めたことがある。これが、マスコミ報道の重要性を認識する機会となり、検閲の持つ力と恐ろしさを知る機会ともなった。

米国は「自由の国」と言われるが、戦時中や一大事が起きた時などに、自国民に対し検閲を行ってきた。41年12月、米国は日本軍に真珠湾攻撃を受けた直後から郵便、電信、ラジオなどの検閲を開始した。検閲制度を熟知したマッカーサーは日本占領に際し、どのように検閲を使い、日本支配に利用するか、すでに作戦を練っていたのである。

九州帝大の捕虜生体解剖事件

前述したように、日系2世は検閲の現場で重宝がられた。山本氏が2009年に米サンフランシスコ市で行ったインタビューで、福岡のCCDに配属された日系2世の元軍属少尉が注目すべきことを語っていた。彼は開戦の前年まで5年間、東京の中学に在籍してから帰米し、終戦後に再び来日した。

「そこ（福岡CCD）には私のような外国籍検閲官が60人ほどいました。検閲をしていて、偶然に事件を発見することもありました。中でも重要な事件は、九州帝大の捕虜生体解剖事件です。これに関連する内容を綴った手紙を見つけたことがあります。捜査にCIC（対敵諜報部）などが動員されました」

戦争末期の1945年5月、墜落した爆撃機B29に乗っていたアメリカ軍捕虜のうち8人を福岡市の九州帝国大学（現九州大学）医学部内で生体解剖したという、日米を震撼させた重大事件である。作家の遠藤周作がこの事件をモデルにして小説『海と毒薬』を書き、映画化されたことでも知られる。

終戦後、関係者は沈黙していたが、ＧＨＱは郵便検閲の網に引っかかった手紙を端緒にして、スパイ活動を任務とするＣＩＣまで動員して大掛かりな捜査を進めたのだった。戦争犯罪を裁いた横浜軍事法廷の判決は、大学関係者と西部軍（陸軍）関係者の５人が絞首刑、４人に終身刑、他に14人が重労働という厳しいものだった。ただし、後に減刑され、死刑となった人はいない。

なお、ノンフィクション作家の上坂冬子が書いた『新版「生体解剖」事件』には、「事件が発覚したのはＧＨＱに宛てた［匿名の］投書によるものであろう」と、捜査段階で自殺した大学教授の遺族が推察していたことが記されている。

2　読者に気付かれないようにして毎日行われた新聞検閲

同盟通信社の解散

占領下の日本ほど徹底した検閲が行われた国はなかった。その要因は、同じ敗戦国のドイツでも行われなかった、新聞など全てのメディアに対する検閲が実施されたことにある。特に言論界で最大の影響力があった新聞は連日、紙面化する前の記事が全て検閲されていた。GHQによる検閲の4年余は、メディアが戦前の天皇報道よりも神経を使った時代とさえ言われる。

戦勝国の進駐軍が1945年8月下旬から日本に乗り込んできて感じ取ったのは、首都東京が焼け野原になったとはいえ、天皇も、官庁も、そして新聞社をはじめとしたメディア各社も、戦前のまま存続していたことだろう。ドイツでは独裁者ヒットラー総統が死に、ナチス政府は完全に崩壊して無政府状態となり、ナチスに加担したメディアが全て閉鎖を命じられたのとは、対照的だった。

銀座を歩く進駐軍兵士(共同通信社)

日本では終戦後も言論統制は「内閣情報局」が引き続き行っていた。このため、GHQは占領政策を遂行し治安を維持するためという名目で、いかに早く日本のメディアを自分たちの統制下に置くか、その機会を狙っていた。同9月、戦争協力の負い目から、解体を恐れていた日本メディアを狙い撃ちした〝事件〟が相次ぐ。

当時、日本最大の通信社で国際的にも知名度があった「同盟通信社」は、規制を受けることなくニュースを流していた。これに対し、連合国側の従軍記者から同9月上旬、「自分たちは軍の検閲を受けているのに、同盟通信社は何の拘束も受けずに、日本国内ばかりか外国向けに、占領軍の動向に関するニュースを流している」とGHQ広報官に抗議があった。

同盟通信社が、海外向けニュースで原爆の悲惨さを報道しアメリカを批判したことや、日本に来た米軍兵の暴行事件のニュースを流したことなどを重視したGHQが動き出す。

前述した通り、GHQの検閲を担当するCCDは、メディア専門の検閲組織PPB（プレス・映画・放送部門）を新設し、9月11日から活動を開始していた。GHQはこの日、東条英機元首相ら戦犯容疑者の逮捕を開始。そして、CCDは同14日、同盟通信社に対し日本メディアとして最初の全面業務停止の処分を下した。GHQが戦勝国としての振る舞いを始めたのである。同盟通信社は10月末、解散に追い込まれ、消滅した。

朝日新聞が48時間の発行停止に

GHQは次に朝日新聞に対し、同9月18日から48時間の発行停止を命じた。このため、2日間の新聞が休刊となる厳しい処分となった。問題になった記事は二つある。第一は、フィリピンでの日本軍の暴虐（マニラ市民らを大量殺害、暴行）に関する米軍の発表について、日本国民の声を報じた記事（同17日付）。米軍は確実な出所があるとしているが、「ほとんどの日本人が、このような日本軍の暴虐は信じられないと言っている」などとした記事をCCDは問題視した。

第二は、鳩山一郎（後に首相）の「新党結成の構想」と題するインタビュー記事（同15日付）。鳩山の「『米国による』原子爆弾の使用や何の罪もない国民殺傷が、毒ガス使用以上の国際法違反、戦争犯罪であることは否定できない。できるだけ多くの米人に被災地の惨状を視察させ、彼らの行為に対する報償の念と復興の責任を自覚させること」などの記事が問題とされた。

CCDは同10日に、連合国への批判や、連合国と敗戦国日本との関係が対等であるかのような記述を慎むよう日本側に通告していたが、問題の記事はこの通告に違反したと判断されたのである。

日本の言論を拘束したプレス・コード

GHQは同19日、日本の新聞社、通信社、出版社の活字メディアが守るべき報道基準「プレス・コード」を発令した。この後に放送分野のラジオ・コードなどが出るが内容はほぼ同じだ。10条から成るプレス・コードの規定が占領下の日本の言論を拘束していく。

主な条文は次の通り（英語原文の要約）。

1条　ニュースは厳格に事実に基づくこと
2条　公安を害する恐れのある記事を掲載してはならない
3条　連合国に関し、虚偽または破壊的批判をしてはならない
4条　連合国占領軍に対して破壊的批判を加え、占領軍への不信あるいは激しい怒りを招くような記事を掲載してはならない
5条　連合国軍隊の動静に関し、公式発表以外は発表、論議してはならない
6〜10条　宣伝を目的とした報道記事の脚色の禁止など

マッカーサーのGHQは、自分たちへの批判を敗戦国日本には許さないことを改めて宣言していることが、これらの条文から理解出来る。記者や新聞社を最も悩ませたのは2条の「公安を害する恐れのある記事」の解釈だった。GHQは自分たちにとって好ましくない記事は2条、あるいはいずれかの条項に該当するとして、掲載禁止とすることが出来るようになったのである。

GHQは翌年1月から、戦争協力などの「好ましくない人物」をパージする公職追放（第2

章で詳述）を始めるが、追放該当者の規定でも「あいまいな」項目（G項「その他の軍国主義者や極端な超国家主義者」＝軍国主義政権反対者を攻撃した者。言論、著作、行動により、好戦的国家主義や侵略の活発な主唱者たることを明らかにした一切の者）を作り、これで鳩山一郎、石橋湛山（後に首相）ら大物政治家を次々と追放した。

検閲でも追放でも、ＧＨＱがいかようにも判断して掲載禁止やパージが出来る条項を設けていたことに、ＧＨＱ占領政策の強引な共通点が見出せる。

天皇とマッカーサーの写真で発禁処分を出した内閣情報局も解散

話を戻すが、プレス・コード発令から数日後、ＧＨＱが、日本政府の国内メディアへの統制を禁止する指令を出した。そして、45年9月27日、歴史的な出来事があった。昭和天皇のマッカーサー訪問である。

翌28日の各紙朝刊は記事だけだったが、29日の新聞に、軽装のマッカーサーとモーニングの礼装姿の天皇が並んだ写真が掲載された。日本の敗戦を象徴する写真と言われた。「発表もの以外の掲載禁止」を新聞社に通達していた情報局が、この写真を掲載した朝日、毎日、読売などを新聞配布禁止とした。問題の写真は、各社が米国人記者グループから入手したものだった。

ＧＨＱはすでに日本側に、情報局が国内メディアを統制することを禁じていたため、今回の情報局による新聞発禁処分に激怒し、処分解除を日本政府に命じた。こうして、有名な写真を載せた新聞は、半日遅れで読者に配られた。存在意義をなくした情報局は翌10月1日、機能を停止して、同年末に解散する。日本の言論統制、検閲は完全にGHQの手に握られたのであった。

米国大使館にマッカーサーを訪問した昭和天皇
(Roger-Viollet via AFP)

日比谷公園の一角で行われた新聞検閲

いよいよGHQのCCDが、有力新聞に対する発行前の「事前検閲」を10月から開始した。東京での新聞検閲は、現在も都心の日比谷公園に立つ市政会館で行われた。ここは、同盟通信社が本社として使っていた。ちなみに、大阪での新聞検閲は朝日新聞社で行われた。

新聞社にとっては屈辱の時代だったためか、各社は検閲の記録をあまり残していない。例外的に読売新聞の元外報部記者で、検閲課長だった高桑幸吉氏が、連日、市政会館に通った体験をもとに、どのような記事が検閲の対象となったかなどをまとめた『マッカーサーの新聞検閲掲載禁止・削除になった新聞記事』を書き残している。

それによると、「米軍検閲機関」（ＰＰＢ）は毎日午前9時から夜8時過ぎまで、二交代制で勤務。新聞各社の検閲係は、市政会館2階の「連合軍新聞通信課」と称したオフィスに出向き、記事原稿の棒ゲラ（一つの記事を1段分の字詰めで1本にまとめた刷り）や、大刷り（新聞1ページ分に大組みした刷り）を提出した。政治、社会からスポーツ、死亡記事、連載小説、天気予報、広告まで、紙面掲載が予定される一切の記事が検閲の対象となった。

日比谷公園に立つ市政会館（筆者撮影）

新聞社から棒ゲラを各2部ずつ受け取ったＰＰＢは、主に日本人嘱託のエグザミナー（検閲官補）が最初の検閲をして、問題ない記事は「検閲通過」の印（ＣＰ印＝CENSOR PASS STAMP）を押し、外で待っている新聞社の係に戻した。エグザミナーが疑問を感じた記事は、日系2世が多いチェッカー（検閲官）に回され、プレス・コードや、上層部からの記事差し止め指令に基づいて第2次検閲が行われた。

検閲で処分の重い順に発行・発売禁止、公表禁止（ボツ）、削除、保留となる。第2次検閲で疑わしい記事は保留に回されて翻訳され、米軍将校らの幹部が記事の扱いを決めていた。

山本氏は、「最終判断をトップのマッカーサー自身が行うこともあった。しかし、検閲で彼の名前が表に出ることはなかった。マッカーサーは大統領選出馬が噂され、米本国での評判が気がかりだったので、自分に不利な記事が日本から流れないよう、神経をとがらせていた」と説明する。

検閲当局が強力な情報機関に

ＣＣＤは検閲を通して、ボツとなったり削除されたりした、公にされない全ての情報を収集出来たので、強力な情報機関となった。つまり、検閲が、そのまま大きな情報源になったのである。

日本の新聞社側がＣＣＤに対し、なぜ記事原稿がボツ、削除、保留となったか、その理由を尋ねることは許されなかった。類似の記事が前回は通ったのに今回はダメだったり、その逆もあったりした。内外の政治情勢が動いたことなどによって、ＧＨＱの検閲方針は揺れ動いていた。

新聞各社は検閲をパスした記事で紙面を作るしかなかった。一度はパスした記事が、途中で保留となって外されたり、保留となっていた記事が、一部削除で使えるようになったりで、新聞製作の現場は混乱続きだった。

特に新聞社が細心の注意を払ったのは、検閲された紙面の痕跡を残さないことだった。削除の指示を受けた所は空白が生じないようにした。ましてや戦前戦中の日本の検閲当局が行っていた、問題個所を黒で塗りつぶしたり、××××などで埋めたりすることは、GHQから固く禁じられていた。検閲していることを隠そうとしなかった日本の検閲スタイルとは全く違い、GHQは日本国民に憲法違反の検閲を密かに行っていることを徹底的に隠そうとしたのである。

当時は敗戦直後の混乱、物資不足で、新聞はペラ両面（2ページ）、時々4ページだった。前述の高桑氏の調べによると、1947年12月の1カ月間、検閲に提出したゲラ刷り（原稿）は2000本で、パスしなかった記事は約5％の101本。このうちボツが10本、一部削除23本などが含まれていた。毎月平均で5〜10％が検閲に引っかかっていたという（前掲『マッカーサーの新聞検閲』）。

「概して〝検閲で危ない〟記事ほどニュースバリュー［価値］があることは間違いない」と高桑氏は述べている。GHQ側が日本の新聞に載せたくない記事、削除したい個所こそ、日本側が本当は報道したい内容だったのだ。

GHQ検閲の傾向と対策を考えた新聞各社

読売新聞社は独自に「社外秘」として、検閲でボツ、削除、保留となった記事の実例や、こんなテーマは検閲許可が困難、あるいは緩やかになってきたという傾向などをまとめた「検閲旬報」を作っていた。取材各部などに配り、検閲に抵触しない記事作りに役立てたのだ。朝日新聞社も同様の「マ司令部の新聞検閲報告」を作成し社内で配るなど、似たような対策をとっていた新聞社は少なくない。

読売の「検閲旬報　第1号」（1948年1月8日）には、占領政策について、前年秋に検閲を受けた社説が、「日本の経済不安の状態、国民一般の低下した文化水準と占領政策を結びつけ、批判を加えた論説であったが、［検閲で］保留後ボツとなっている」とある。

また、小説家の石川達三が書いた新聞連載小説『望みなきに非ず』の一節で、進駐軍について「わたしアメリカの進駐軍を見るたびに考えるんですよ、羨《うらやま》しいほどつやつやして若々しく大股にどしどし歩いているでしょう。やっぱり食べ物が良いのよ」との字句が削除された。GHQが占領政策批判は許さず、進駐軍に対する表現にも厳しく検閲していたことが分かる。

当時流行した伝染病については、「大水害後、伝染病が続出し「伝染病まん延の兆あり」といった記事は住民の不安を除去する見地からか、大小を問わずほとんどボツになった。しかし伝染病が下火になると同時に、それに関する記事は全面的に許可される傾向を見た」と報告されている。ここにも、プレス・コード2条「公安を害する恐れのある記事を掲載してはならない」の〝あいまい規定〟を理由に、GHQが日本の新聞をコントロールしていたことがうかがえる。

〝憲政の神様〟の新憲法祝辞も一部削除に

GHQは戦前の体制を評価する論調を認めなかった。大正期の護憲運動で先頭に立ち、代議士連続当選25回の〝憲政の神様〟尾崎行雄が、1947年5月の新憲法施行にあたり発表した祝辞が、検閲で一部削除となった。問題となった内容が、次の一節だ。

「前の憲法は今回のに較《くら》べると劣ってはいるが決して悪い憲法ではなかった。然《しか》るに軍閥や官僚が、これを曲解し悪用した結果が、今日の如《ごと》き千古未曽有の［かつてない］困難を招いたのであります」

初めはこの部分など3カ所削除で許可となったが、その後に全文保留となった。遠隔地に発送される新聞（早版）にはすでに掲載されており、新聞社内は大騒ぎになった。検閲当局の上部での検討に時間がかかったが、結局、最初の判断通りに一部削除で、紙面掲載が再許可になった。

進駐軍兵士らの事件も報道制限

ＧＨＱはプレス・コード４条の「占領軍への不信あるいは激しい怒りを招くような記事を掲載してはならない」に基づき、進駐軍兵士らの事件も報道制限していた。読売の「検閲旬報第７号」（１９４８年４月16日）にはこんな報告が載っている。

「検閲開始当初における連合国人、主として進駐軍兵士の暴行事件はほとんどボツにされた。そこで苦肉の策として「進駐軍兵士」を「赤ら顔の大男」、「軍服」を「そろいのユニホーム」と書き替えて提出したところ見事許可され得意になったが、各社が好んで書くようになったら、とたんに削除されるという悲喜劇を演じたこともある」

「司令部（ＧＨＱ）が事件の真相を不利と信じた場合は、大事件でない限りボツとしてうやむやに葬り去ることがある。地方版では特にその傾向がしばしばあった」

また、ＧＨＱは進駐軍兵士と日本人女性との性的な付き合い、ＣＣＤの検閲用語で「フラタニゼーション＝親密な関係」についての記載も、厳重にチェックし、徹底して削除する方針を貫いていた。ＧＨＱは日本国民には知らせたくない情報を、隠し通そうとしたのである。

新聞各社の〝優等生ぶり〟を考慮して「事後検閲」に

新聞各社が自主規制、社内検閲に励んだ成果からか、47年末あたりから検閲で公表禁止や削除となるケースがかなり減ってきた。CCDは、新聞各社の〝優等生ぶり〟も考慮して、新聞の「事後検閲」、つまり発行前の事前検閲を止めて発行後の新聞を検閲するという、大きな変更の検討を始めた。

GHQ検閲の総指揮官であるウィロビーG2部長は48年1月、GHQ内の会議で、日本の新聞社のプレス・コードに反するGHQ批判の記事が1％以下に減少しているとのリポートを提出し、事後検閲への移行を示唆した。だが、事前検閲で得られる大事な情報が少なくないことなどを理由に、反対された。

しかし、①東京や大阪など主要都市での連日の事前検閲がCCDにとって大変な負担となってきた、②新聞社が米メディアの流すプレス・コード違反すれすれの報道の翻訳記事を検閲に提出して、CCDを困らせるケースが増えてきた——ことなどから、同7月、新聞の事後検閲が決まった。GHQは、もし日本の新聞社がプレス・コードに違反すれば、事前検閲に戻すか、他の刑罰を与えると警告すれば、事後検閲に移行しても新聞社はプレス・コードを守り、進駐軍や米国批判はなくなると考えたのだ。

チャールズ・ウィロビー

CCDは日本の新聞各社の編集幹部を集め、「[新聞各社が]プレス・コードに合致する能力と意欲を証明したので、責任ある日本のプレスを検閲という規制から解放する一ステップとして、事後検閲とすることになった」と説明した。

「朝日はGHQの機関紙」

新聞社にとって、これまでのように事前に記事を提出して検閲を受けることから解放されたとはいえ、各社の負担が軽くなったわけではない。もしも新聞発行後にプレス・コード違反の記事があったと指摘され、発禁、回収命令が出た場合の経済的な損失などを警戒して、GHQには逆らわない「安全第一主義」をとるようになった。

山本氏が見つけた米国に保存されている資料によると、事後検閲になった直後、朝日新聞のある局長が社内文書で、こう述べている。

「[事後検閲となり]戦争中に比べて、筆をとるものの責任ははるかに重大となって来たことを忘れてはなるまい。つまり事後検閲は形式的に無検閲のように見えるが、実質的には自己検閲ということになったわけだ(中略)各自の心に検閲制度を設けることを忘れるならば、人災「プレス・コード違反による処分を指すと思われる」は忽《たちま》ちにして至るであろう」

山本氏は著書の中で、三大紙の中でも毎日、読売と比べ検閲処分の少なさが目立つ朝日新聞について、検閲当局の47年9月のPPB日報が「朝日はGHQの機関紙である」との噂があることを記している、と指摘している（前掲『GHQの検閲・諜報・宣伝工作』）。

事後検閲に移っても、GHQが予測したように、大きなトラブルが起きることはなかった。新聞社にとって、憲法違反の検閲、異国によって作られたプレス・コードが金科玉条となってしまったのだろうか。この時期が、日本の言論界にとって、戦前戦中期よりも異形であったことを思い知らされる。

3　一字一句の変更も許されないラジオ放送検閲

内幸町の放送会館で放送検閲

1945年8月15日、昭和天皇によるラジオ放送（玉音放送）が終戦を広く国民に告げたように、まだテレビのない当時、ラジオ放送の影響力はとても強かった。唯一のラジオ局が日本放送協会（46年から「NHK」を放送で使用）。戦中期には軍部の放送機関と化した日本放送協会に代わり、GHQは民間放送の新設も検討したが、当時の日本の経済状況から民放開設は時期尚早と見て、NHKの改革、指導を進める。

NHK東京放送会館は、東京・内幸町の現「日比谷シティ」にあった。進駐軍がNHK本体の地上6階のうち大半の計4階分（階の内訳は後述）を占拠して、放送検閲などを始める。大通りを挟んで日比谷公園の市政会館と向き合っているから、新聞と放送の主要メディア検閲がこの地区でほぼ同時に連日行われることになった。

NHKへの検閲はプレス・コードに準じたラジオ・コードをもとにして実施されたが、新聞とは異なる点もあった。ニュースについては、記事ごとに日本文2通と、英文訳1通をGHQの検閲機関のCCDに提出した。検閲結果にはOK、一部削除、全文禁止、保留の4種があった。

NHKを動かしたもう一つの機関・民間情報教育局

解説、講演その他の報道・教養番組では、日本文3通、英文概要3通をそろえ、各2通はCCDに、各1通をこの放送会館内に同居するGHQの「CIE」（民間情報教育局）に提出していた。CIEはメディアを指導しながら、日本国民の考え方を切り換えて、民主化、非軍国主義化させることを目指した機関である。軍国主義化した日本人を「洗脳」して、アメリカナイズ（米国風に）したとも言われる。

CCDが非公然の検閲機関で日本人に気付かれないよう活動していたのに対し、CIEは

「アメリカ文化センター」などを開き、日本国民に見える形で活動を進めていたので、この名を知る人は少なくない。つまり、NHKは放送会館の中でGHQの二つの機関による二重の監督を受けながら、占領期の放送を続けていく。

日本人の意識変革のため、CIEの初期の活動で注目されたのが「戦争有罪キャンペーン」だ。敗戦したこと、日本が起こした戦争の侵略性、つまり日本軍の戦争は悪（有罪）であり、日本の苦難を招いた軍国主義者の責任などを、日本人に理解させることを目指した。

CIEは、米国から見た日米戦争の歴史をまとめた「太平洋戦争史　真実なき軍国日本の崩《ほう》潰《かい》」を、開戦記念日に合わせて45年12月8日から、連日10回の連載キャンペーンとして全国の新聞に一斉に掲載させた。この新聞連載のラジオ版となる30分番組「真相はかうだ」（当時は「こうだ」をこう表記）がCIEの指導で制作され、日本放送協会のラジオ放送で新聞掲載の翌日（日曜日）夜8時から、毎週、10回にわたって放送された。

この一連の番組が、聖戦と信じていた日本人の太平洋戦争に関する歴史認識を大きく変えることになっていく。しかし、番組内容には、広島の原爆は軍事施設に投下された、など事実と違う点もあり、また翻訳調の言い回しもあったので、日本放送協会への苦情も多かった。

だが、この番組を批評した記事は、雑誌など出版物を含めて検閲で全文削除となった。プレス・コード、あるいはラジオ・コードで、連合国やGHQの占領政策への批判が許されなかったからである。GHQが、日本人に知らせたくない情報を検閲で隠すCCDと、日本人にすり込みたいことを宣伝していくCIEを巧みにコントロールしながら、占領下の日本支配を推し進めた実像が浮かび上がってくる。

天皇による放送も特別扱いせず

当時のNHK放送会館は、1階にCIEのアメリカ文化センターなど、2階に英米通信社など、4階にCIE、6階に検閲担当のCCD、主としてPPBの放送部門が入っていた。放送施設があった3階と5階をNHKが使用していた。

CCDに事前提出しないものを放送したのが発覚すると、NHKの番組責任者が停職や役職解職などの厳しい処分を受けた。GHQは天皇の放送も特別扱いをしなかった。46年11月3日、昭和天皇による新憲法公布に際しての放送も、日本語の放送原稿の提出を待って、GHQはNHKの放送を許可した。

「PPB当局（放送検閲）は、日本人の放送には誰とは言わず全てに検閲パスが必要との姿勢を堅持した。天皇による放送については日本政府の抵抗が強かったが、PPBはGHQの後押しで例外を認めず、事前原稿の提出命令に従わせた。政府とGHQの中に入ったNHKの幹部は神経をすり減らし、敗戦の悲哀を味わわされたことであろう」（山本氏）

政見放送が同46年の総選挙から始まったが、候補者は事前に政見原稿を提出し、検閲済みの原稿を放送で読み上げた。候補者が原稿にないものを語り出すと、直ちに放送はカットされた。郵便検閲が行われていることを指摘する候補者もいて、GHQは占領政策の批判が放送で流れるのを警戒していたのだ。

自己保身から事前検閲を要請し続けたNHK

NHKは47年3月から、緊急時には事前検閲なしに放送出来るようになった。そして、同8月から時事ニュースや解説、連合国や占領軍のニュースなどを除き、全番組の95％が事後検閲となった。つまりほとんどの番組が、事前に原稿などを提出して検閲を受ける必要がなくなった。

もともとNHKには戦前から取材記者はおらず、47年頃から記者の採用を始めた。当時は依然として国内の有力紙や、内外の通信社から検閲済みのニュースを買っていたから、NHKはPPBにとって問題のあるニュースを流すことがほとんどない〝優等生〟だった。

しかし、新聞などの事前検閲がなくなり完全に事後検閲に移行したのに対し、NHKは全体の5％程度とはいえ、事前検閲が続く唯一のニュース機関だった。ここに当時のNHKの体質を見ることが出来ると、山本氏は次のように指摘する。

「GHQの指示・命令を受けなくても、NHKの方で自己保身を図るあまり、処分を受けそうな記事や台本は、自ら進んで事前検閲に出していた。独自の取材を始めたばかりの当時のNHKは、共同などの通信社への依存度が大きかったが、通信社も事後検閲になると、NHKは通信社ニュースの扱いに神経質になった。官僚的な臆病さから、微妙なものなら、まず事前検閲に回すという安全第一主義の行動をNHK報道局がとっていた」

占領統治の道具としての放送メディアを重視したGHQは、検閲機関CCDの存続の最後まで、NHKからの事前検閲要請を引き受けていた。

マッカーサーの力量に屈した日本メディア

日本のメディアがこうしてGHQのコントロール下に置かれていった経過を、山本氏はこう総括する。

「世論操作のCIEと、正体を隠した検閲のCCDを巧みに使い分けたのは、マッカーサーが凡庸な将軍ではなかったことを示している。彼は日本のメディアの民主化を停止、あるいは先送りして、日本のアメリカ化、もっと言えばアメリカ従属化のために、日本のメディアを戦略的な道具として使うことに成功した。CCD、CIEによる宣伝工作に総動員されるメディアは、占領後期にはほぼマッカーサー体制に奉仕するようになっていた。マッカーサーは戦略家、いや政治家として類《たぐい》まれな力量を持っていたのである」

4　沈黙を貫く日本人検閲者たち

魅力的な3～10倍の給料

戦後、何年かたつと、勘が鋭い一部の国民は、自分の手紙が検閲されていることに気付いていた。しかし、検閲は進駐軍の日本語を学んだ米軍兵士か、日系2世らが行っているのだろうと、国民の多くは思い込んでいた。大事なラブレターを、検閲者に読まれていることを承知のうえで投函した人も少なくない。まさか同じ日本人が、GHQの占領政策のために検閲を行い、同胞のプライバシーを侵していたとは、想像出来なかったのである。

だが、終戦後の日本は、多くの人が飢えに苦しみ、また激しいインフレのため、少しでも高給な仕事を求めていた。そんな中で、一般の仕事と比べ、3～10倍の給料がもらえる検閲官はとても魅力だった。しかし、英語力が必要で試験があったので、採用される人は極めて限られていた。英語が得意な大学生、卒業生、貿易会社社員、教師、さらには大学教授、文筆人らもいた。

国内最大の検閲の現場だった東京中央郵便局では、約800人の検閲官が3階の大広間や4階で、無表情で作業を続けた。女性も多かった。ほとんど私語は聞かれず、ペンを走らせる音と紙をめくる音ぐらいしか聞こえないので、異様に静かだったという。

「理由なき欠勤、3回以上の遅刻はクビ」「昼休み以外、当建物から離れると減給」「廊下、洗面所、玄関で休憩時間以外にぶらぶらすると、即時免職」など、日本人勤務者には厳しい規定があった。また、どんなに頑張っても検閲現場監督官までで、それ以上の昇格は出来ず、GHQの将校らと肩を並べることはなかった。

一方で、「進駐軍の雇人」の特権として、当時は高価な食料なども安価で手に入った。また、高給をもらえたから、闇市でおいしいものを買って家族を喜ばせることも出来た。

進歩的文化人、木下順二の名が

検閲を行っていた日本人の多数は、当時のことを語らず、公にすることなく、沈黙を貫き、生涯を終えている。他人の秘密を盗み見て、同胞を裏切る仕事をしていた日本人検閲者たちは、何を思っていたのだろうか。

山本氏は2013年、GHQ資料の中から、検閲を担当していたCCDの日本人検閲官名簿（ローマ字記載）を見つけた。その中に「Kinoshita, Junji」という名前があった。

山本氏の調査によると、彼（Kinoshita）は1946年11月に採用され、49年9月に、病気を理由に退職。約3年間、勤めていたことになる。彼の給与は4110円から5280円、さらに7970円へと大きく伸びていたから、GHQに高く評価されていたことがうかがえる。彼はCCD内の英語能力試験で、90点とトップクラスの成績だった。

彼の職名は検閲監督官で、日本人では最高のポスト。部下になる10人ほどの日本人検閲官にその日の郵便物を振り分けて、マニュアルに従って問題のある個所を英訳させ、その英文をチェックし、上司の米国人スタッフに渡していた。

彼は、代表作の『夕鶴』などで知られる劇作家で、進歩的文化人の木下順二なのか。木下は2006年に92歳で亡くなっているが、生前に検閲のことを公に語ったことはなかったという。

木下順二

「作家の中で英語が一番うまい」と言われた木下は、東京帝大文学部英文学科を卒業後、20代半ばに法政大学で英語の講師をしていたが、戦時中の英語教育禁止で職を失った。終戦後も英語を生かせる職はなかなか見つからなかった。

その一方で、木下は戦前から続けていた「昔話」を材料とした作品を戦後も書き続け、また女優の山本安英らと劇団を結成。49年1月、鶴の恩返しを描いた『夕鶴』を発表し、同10月から上演されていく。しかし、当時の木下はまだ無名の存在だった。木下は47年に明治大学で

「戯曲論」の非常勤講師となったが、「親密な仲」と言われた山本安英らの活動を支援した多額の資金はどこから出ていたのか。

木下とGHQの関係を示す証言

山本氏は晩年の木下を世話した養女に2019年、木下宅でインタビューして注目すべき証言を得た。「彼女［養女］はある時、木下にGHQとの関係を尋ねた。彼は、GHQへ紹介したのは、東大大学院時代の指導教官であった中野好夫先生だと答えた」。中野好夫は、英文学者として知られる東大教授（その後、評論家）だ。当時、GHQは英語の出来る人材を集めるため、各大学に協力を求めていた。

「教え子の木下の困窮を救うため、指導教官が自分のところに来た検閲官募集の世話をしても不思議はない」と山本氏は説明する。「木下は、日中は検閲官を務め、夜に演劇活動をする。土日が休みで、月2回の公休もあったというから、若かった木下は懸命に働き、検閲官と作家活動をそつなくこなしたのだろう」

だが、1949年6、7月から木下は欠勤するようになり、2カ月後に退職となった。この頃に『夕鶴』など作品が評判となり、劇化が始動するのである。

では、なぜ彼は検閲官だったことを公にしなかったのか。山本氏によると、木下の著作、評論には、日本の保守陣営や軍指導者への戦争責任追及は厳しいが、直接的なアメリカ批判が全くと言っていいほどない。マッカーサーなどの名も出てこない。木下は戦前には渡米しているが、戦後は一度も渡米しなかったことなどから、意識的にアメリカを避けていたようだ。

「検閲監督官としての行為がアメリカに暴露されれば、彼が戦後築いた地位や名誉が失われることを恐れて沈黙したのかもしれない。彼の生前に、一部の保守的な文化人が検閲体験者を糾弾する動きがあり、木下はそれを恐れて、いっそう殻に閉じこもったのかもしれない。検閲官を辞める時に、CCDから秘密を守れ、と言われたのではないか。当時の状況からして、木下のやったことは違法ではない。彼は、素晴らしい英語力で白人将校らのご機嫌をとっていたことを恥じていたのではないかと思う」(山本氏)

半世紀の沈黙を破る証言

一方、戦後50年（1995年）などを期して、検閲に携わった日本人の中から、半世紀の沈黙を破る動きが出てきた。「近年、歴史的な意味を感じて積極的に証言をする人が、ようやく現れてきた」と山本氏は話す。証言の一部を、山本氏の著書（前掲の2書）から紹介する。

「仕事を始める日、係の日本人から『この仕事のことは絶対に他言してはならない。何故ならこれは日本人同士の裏切り行為と思われて、あなたが辛い思いをすることを恐れるからだ。実際は裏切りどころか、日本人のありのままの姿を知ることにより、マッカーサーがよりよい占領政策をとることができ、疲れ切った日本人の生活を向上させるのに大切な仕事なのだ』と言われたのを覚えている」（当時、女子大学学生）

「同胞の秘密を盗み見る。結果的にはアメリカの制覇を助ける。実に不快な仕事である。まことに嫌な仕事だったが、食って行くことは一切に優先する。妻子を養うためには泥棒もやるぞ、と当時は腹を決めていた。後年、家族に当時の体験を話していたら、次男に『売国奴みたいな仕事をやっていたのだね』と言われた。二度とやるべき仕事ではない」（後に大学教授）

「GHQの民事検閲局の試験はたいへん難しかったけれども、どうやらパスしました。あの仕事は今から思うと、あまり気持ちのいいものではありませんでした。そこで働いていた日本人は、ちょうど社会の変動期で、定職をなくした年配の人から、アルバイトの学生まで、老若男女、いろいろな経験をもった人が集まっていました」（検閲の仕事をキャリアアップとした女性）

戦後の混乱期で、食べていくためなら嫌な仕事でも、英語力を使ってやっていた様子が感じられる。

〝いつか来た道〟を歩まないために

山本氏はこう述べる。「日本人検閲者の恥ずべき点は、新憲法の禁じる通信の秘密侵害、言論弾圧への協力にあった。だが、占領軍から支給された給与が、彼らを飢餓から救ったのも事実。彼らを責めて追及するのは、あの時代を考えると酷だと思います」

先に証言を紹介した「当時、女子大学学生」は最後に次のように記していた。

「今になって私が敢えてこのこと［検閲官］を口にするのは、人々の知らないうちに、このようなこと［検閲］が行われる。これも戦争と言うものの一面であることを、人々に知ってもらいたいからだ。そのことが、〃いつか来た道〃をもう一度歩む愚を防ぐことに繋がると思うからである。それから、毎日300通もの郵便物に目を通し、たくさんの人の信書の秘密を侵したことを、お詫びしたいと思うからである」

5　検閲機関の撤退と、米国に渡った膨大な占領期資料

占領期半ばに突然の検閲終了

終戦直後の1945年9月から始まったGHQによる検閲は、4年後の49年10月31日、CCDの閉鎖による撤退で終わった。占領の時代はまだ2年半ほど続くが、GHQが占領期半ばに

検閲機関を閉鎖した主な理由は、内外二つの事情による。

第一は、この頃に日本が財政破綻の危機に陥り、その建て直しをGHQが自覚するようになったことにある。GHQの費用は、敗戦国の賠償金として日本側が負担しており、その中でも日本人検閲者を多数抱えているCCDに関する支出は飛び抜けて大きかった。新聞などは前述した通り、1年ほど前に事前検閲から、発行後の事後検閲に移行して、より従順になった。だから、もう検閲による統制がなくても日本は反米にはならず、アメリカナイズされた自由・民主国として存続していくだろうとGHQは判断した。また検閲から得られる情報も限られてきたことから、もう検閲を止めて、巨額なCCD経費をなくそうと決断したのである。

もう一つの要因は、米国本国から「いつまで日本で検閲を続けているのか」と、世界的にも悪評な検閲の即刻廃止を求める声が、GHQ、マッカーサーに届いたことにある。米国人ジャーナリストや特派員が、自分の記事を勝手に削るCCD、GHQに抗議することもあった。マッカーサー率いるGHQは、いつまでも独断で引き延ばすことは出来ず、検閲廃止を迫られたのである。

CCDの閉鎖決定は49年10月5日にマッカーサーの名で通知された。東京をはじめ、札幌、仙台、名古屋、大阪、広島、松山、福岡で、郵便・電話など通信部門や、新聞・放送・雑誌など出版物・映画の検閲を続けてきた各施設が、同月末で閉鎖となる。そこで高給をもらって勤めていた5359名の日本人検閲者らが一斉に職を失ったので、「占領期最大級の集団解雇」となった。突然の首切りだったから、その家族も含めた関係者の衝撃は大きかった。

検閲機関の存在を隠し通すため徹底的に資料を焼却

マッカーサーのフィリピン統治時代からの側近で、GHQ検閲の総指揮官だったウィロビーG2部長でさえ、あと1年ぐらいは検閲が続くだろうと悠長に構えていたので、CCDは残りが1カ月もない閉鎖決定に大慌てだった。秘密機関だったから、戦後日本の言論界に君臨し、言論統制を行った巨大権力の存在を隠し通すため、GHQは自分たちに都合の悪い資料を徹底的に焼却し、破壊した。

「GHQ側は、世界的にも例のないような郵便検閲とメディア事前検閲を全国規模で実施したことを意図的に隠そうとした。例えば大阪の検閲機関CCDの資料が、全くと言ってよいほどに残っていない。研究者の立場から見ると、GHQは検閲された側の日本人自身による客観的な研究が出来ないよう妨害して占領を終えた、といっても過言ではない」（山本氏）

日本人検閲者の体験記などによると、閉鎖は業務最終日のその日午前に告げられた。私物を全て持って帰り、5日後に月給と退職金を取りに来るようにと。占領下の日本人勤務者はCCDの指示に従うしかなかった。

郵便検閲場では閉鎖の発表に際し、米国人幹部が日本人職員らにこう語ったという。「諸君のショックは理解出来るが、日本における信書の自由は今日から回復される。この自由の回復に大いなる喜びを見出していただきたい」

検閲された出版物・新聞は全て米国へ移送

こうしてGHQの検閲機関が日本国民に気付かれずに、突然、姿を消した。この混乱に紛れて、大きなプロジェクトが進行していた。CCDが45年から49年までの4年間に検閲した雑誌、新聞など、日本で出版された印刷物全てをアメリカに移送して、分散させずに一つのコレクションとして管理していく計画である。

その数は膨大で、書籍7万冊余、雑誌と定期刊行物8万2000点余、新聞69万件弱。新聞には大手紙、地方紙、そして日本共産党の機関紙も含まれている。これだけ多くのものが検閲されてきた証拠でもある。日本では自分たちの足跡を消すため資料をどんどん焼却した一方で、検閲出版物などは全て自国に持ち帰ろうという計画は、実にアメリカらしい発想だ。

この大量な検閲資料群の米本国への移送に熱心だったのが、GHQのG2で戦史室長を務め、マッカーサーの太平洋戦争史の執筆責任者となったプランゲ・メリーランド大学教授である。ハーバード大学など他大学との資料群獲得競争があったが、プランゲはCCDの実力者、ウィロビーG2部長ら上官を説得し、50年、自分の勤務先のメリーランド大学図書館に持ってくることに成功した。

なぜ、米国側が検閲資料群をまとめて、わざわざ日本から移送することにしたのか。山本氏は「必ずいつか役に立つと評価したからだ」と、次のように解説する。

「ウィロビーにしろ、プランゲにしろ、マッカーサーにしろ、この検閲コレクションのインテリジェンス［知的情報］的価値を早くから見抜いていたのは慧眼《けいがん》［優れた眼力］だった。マッカーサー将軍支配下の日本の諸問題を追究できるだけではない。もし将来、また日本と戦争をするようなことがあれば、日本人の本質を知るための絶好な材料となる。GHQ幹部らは、かけがえのない資料だと見なしたからこそ、日本で検閲工作中にも捨てずに集めて整理、保存しようとしたのだ。これに対して日本側は、GHQが検閲資料群をすべて集めていたことを知らなかったし、もしその存在を知っても価値が分からなかったろう」

ワシントン郊外にあるプランゲ文庫

一連の資料群は同図書館の地下室に26年間死蔵されたが、ようやく整理が始まった。当初は「ウィロビー・コレクション」と称する案もあったが、78年にメリーランド大学「プランゲ文庫」（プランゲ・コレクション）と命名された。

メリーランド大学は首都ワシントンの郊外にあり、また94年には同大学に隣接して、第二次世界大戦以降の軍事資料や、占領期の資料なども保管されている巨大な米国立公文書館分館（アーカイブスⅡ）が出来た。このため、日本の研究者が情報の宝庫となった「メリーランド詣で」を盛んに続けている。

プランゲ文庫の検閲資料を使って研究した先駆者は、文芸評論家の江藤淳だった。江藤はプランゲ文庫の資料を調べ、吉田満の『戦艦大和ノ最期』などの作品の公表禁止や部分削除の経緯を明らかにしていった。

特にプランゲ文庫は、敗戦後からの占領期4年間の、地方も含め日本全国で出版された書籍を集めた唯一のものなので、日本の図書館にはない本も見つけることが出来る。日本側も巨額の資金を投じて、所蔵資料のマイクロフィルム化やデジタル化を進めている。山本氏らによる新聞、雑誌記事の目次のデーターベース化なども行われて、徐々にパソコンでも読めるようになってきた。

プランゲ文庫（メリーランド大学図書館HP）

検閲資料群の返還要求は起きるのか

もし、このコレクションが日本に残されたとしたら、いずれは散逸した可能性は否定出来ない。だから、占領期資料をプランゲ文庫として大事に保管してくれた米国に感謝すべき、と考える人も少なくない。検閲の〝おかげ〟で、日本の文化コレクションが残ったのだと。しかし、山本氏はこう強く訴える。

「プランゲ文庫の新聞、書籍、雑誌などの資料は、日本人が書いた、つまり著作権が日本側にあるものだから、敗戦国民の正当な権利として、米国に返還要求をすべきではないか。敗戦国の文化的資産を戦利品として持ち去った戦勝国に、日本はいつまでも沈黙しないで、『返してほしい』と声をあげるべきである。米国側には日本に譲り渡そうという意識はないようだし、日本側にも、まだプランゲ文庫の価値が理解出来ず、返還要求の大きな動きがないのは、誠に残念だ」

そして前掲『検閲官』の終わりに山本氏は次のように述べている。「このコレクションは日本にとって永遠に計り知れない価値を持っているものであるから、究極的には日本の国立国会図書館、ないしは国立公文書館に返還されるべきである、と私は考えている」

日本側でこの問題に全く関心が集まらないのは、GHQ検閲について長い間知らされないままであることも遠因となっている。日本と同盟国アメリカとの間で戦後80年となろうとしているのに、こんな問題が存在することを、多くの日本人は気付いていない。
占領期の検閲から生まれたプランゲ文庫は今後もアメリカに残り、日米が協力してさらに利用しやすくなって、両国友好の証《あかし》となるのか。あるいは、この大量のコレクションが日本に返還される日が来るのだろうか。

第1章参考・引用文献

『GHQの検閲・諜報・宣伝工作』（山本武利著、岩波現代全書、2013）
『検閲官　発見されたGHQ名簿』（山本武利著、新潮新書、2021）
『マッカーサーの新聞検閲　掲載禁止・削除になった新聞記事』（高桑幸吉著、読売新聞社、1984）
『閉された言語空間　占領軍の検閲と戦後日本』（江藤淳著、文春文庫、1994）
『占領期メディア史研究　自由と統制・1945年』（有山輝雄著、柏書房、1996）
『マッカーサー　フィリピン統治から日本占領へ』（増田弘著、中公新書、2009）
『占領下日本』（半藤一利・竹内修司・保阪正康・松本健一著、筑摩書房、2009）
『占領期　首相たちの新日本』（五百旗頭真著、講談社学術文庫、2007）
『GHQ検閲官』（甲斐弦著、葦書房、1995）
『占領空間のなかの文学』（日高昭二著、岩波現代全書、2015）

『天皇と接吻　アメリカ占領下の日本映画検閲』（平野共余子著、草思社、２０２１）
『原爆と検閲　アメリカ人記者たちが見た広島・長崎』（繁沢敦子著、中公新書、２０１０）
『「言論統制」の近代を問いなおす』（金ヨンロン・尾崎名津子・十重田裕一編、花鳥社、２０１９）
『新版「生体解剖」事件　B29飛行士、医学実験の真相』（上坂冬子著、ＰＨＰ研究所、２００５）

第2章 占領期最大の恐怖「公職追放」

1　終戦の翌年、正月早々の衝撃

ポツダム宣言に基づくパージ

終戦の20日前の1945年7月26日、米英中3カ国の首脳が日本の戦争終結条件を示した「ポツダム宣言」を日本に発した。日本が受諾したこの宣言の第6項に、「無責任な軍国主義が世界から駆逐されるまでは、平和と安全と正義の新秩序が生まれない。そのため、日本国民を欺き世界征服に乗り出す過ちを犯させた者を永久に除去する」（意訳）とある。この規定に基づき、GHQによるパージが行われた。

「公職追放なくして戦後民主主義は考えられない。パージは日本人を、戦争推進に関与・協力した軍国主義タイプと、平和国家として日本が再生するのに好ましいタイプの二つに切り分ける〝ナイフ〟だった。民主化の推進力となった公職追放は、新憲法制定や教育改革などと並んで日本変革に重大な足跡を残した」

公職追放研究の第一人者で、多くのGHQ元担当官とも米国で面談した政治学者の増田弘・立正大学名誉教授（2022年から平和祈念展示資料館館長）は、パージの意義をこう話す。増田氏はこの分野の著書も多く、『公職追放論』『公職追放　三大政治パージの研究』『政治家・

石橋湛山研究　リベラル保守政治家の軌跡』などがある。

米国は戦時中の1943年から、日本降伏後の対日戦後計画に取り組んでいた。武装解除のほか、日本の戦争を主導した戦犯の逮捕、大政翼賛会などの解散に加え、戦争政策に関与した役人や好戦的国家主義者らを公職や私的企業から締め出す「公職追放」の構想をまとめる。

45年8月末、GHQトップの連合国軍最高司令官に任命されたマッカーサーが、絶対的権力者として日本にやって来た。マッカーサーとその幕僚たちは、米政府の構想を実行していく。

増田弘氏（著者撮影）

GHQの標的となった内務省

昭和天皇とマッカーサーの初めての会見が行われた1週間後、二人並んだ写真に日本人の多くが大きなショックを受けていた頃、マッカーサー司令部が突然の発表を行う。終戦からまだ40日しかたっていない同10月4日、GHQは日本政府に、治安維持法や特別高等警察（特高）などの廃止、内務大臣や警保局長、警視総監、各道府県警察部長（本部長）、特高全職員らの罷免を命じた。

これにより、内相や内務省の警察の首脳、特高職員ら約4000人が一斉に辞めさせられた。第1章でも触れたが、天皇とマッカーサーの写真を掲載しようとした新聞を内務省が発禁処分とし、それをGHQが怒りを込めて覆したことも関係していた。当時、最有力の官庁だった内務省はGHQの標的とされ、後日、解体されていく。

特高パージはまだ公職追放の前触れに過ぎないが、この指令で終戦直後に始まったばかりの東久邇《ひがしくに》内閣が、在職わずか54日で崩壊した。終戦に導いた鈴木貫太郎内閣の後継として、不穏な動きを見せる軍部、特に陸軍を抑え、外国軍の進駐開始という難局を乗り越えるため、首相に選ばれたのが陸軍大将にして皇族（当時）の東久邇宮稔彦《なるひこ》王だった。「全国民が総懺悔《ざんげ》［悔い改めること］するのが我が国再建の第一歩」と「一億総懺悔」を東久邇は訴えていた。しかし、首相はGHQの突然の指令に納得出来ず、抵抗の意地を示して総辞職したのである。

後に東久邇はこう語っている。「マッカーサーは『大臣をかえたり、官僚をかえたりすることは私［マッカーサー］が直接は命令を出しません。必ずあなた［東久邇首相］を通してやります』と言っていた。ところがマッカーサーは内務大臣や官吏らの罷免を指示した。『これは約束が違う。こんなことでは信用できないから、総理をやめます』と言ったんです」（『昭和経済史への証言　下』）

「宮様内閣」の次は、外務省出身で英語力がある73歳の幣原《しではら》喜重郎を首班とした内閣となる。GHQはさらに同30日、教職パージを命じ、これで軍国主義的な教職員約7000人が追放された。

当時の日本にはGHQの動きに賛同する者は少なく、占領軍に非協力的だった。これに不満だったGHQは、同11月に日本軍の武装解除がほぼ完了すると、近付く総選挙の前に「好ましからざる人たち」の一掃を計画する。これで、日本中が震え上がるのは、年が明けてのことである。

GHQが考案した追放者範囲を広げる規定

46年1月1日、久しぶりに戦火を恐れることのない正月を迎えた。昭和天皇は年頭にあたり、「新日本建設に関する詔書」を発表し、現人神《あらひとがみ》であることを自ら否定した（人間宣言）。そして同1月4日、ついにGHQから日本政府に「公職追放指令」が通達された。

追放の該当者は、A項が戦争犯罪人、B項が陸海軍軍人、C項は超国家主義的・暴力主義的団体の有力者、D項は大政翼賛会指導者、E項は海外金融・開発機関の役員、F項が占領地の行政長官、G項はその他の軍国主義者や極端な国家主義者。追放の対象となる在職期間は、日中戦争の発端とされる盧溝橋事件の起こった1937年7月から、終戦の45年8月までとされた。

該当者の対象項目で問題なのがG項で、「軍国主義政権反対者を攻撃した者。言論、著作、行動により、好戦的国家主義や侵略の活発な主唱者たることを明らかにした一切の者」などが含まれる。

「G項は追放に該当するか、白か黒かを判定する時に、いかようにも判断出来る項目で、追放者の範囲を広げるためにGHQが考案したものだ。G項が魚のすくい網のような効果を発揮して、後に首相になる鳩山一郎や石橋湛山ら大物政治家らも、これで次々と追放されることになった」と増田氏は説明する。

追放者の烙印を押されると、公職から追放され、退職金も恩給ももらえない。政治家であれば政治活動が禁止され、経済人なら会社にも入れず、言論人は言論活動が出来なくなった。

日本のパージ政策は、先に降伏したドイツでの非ナチス化政策をモデルとした。ドイツでは、

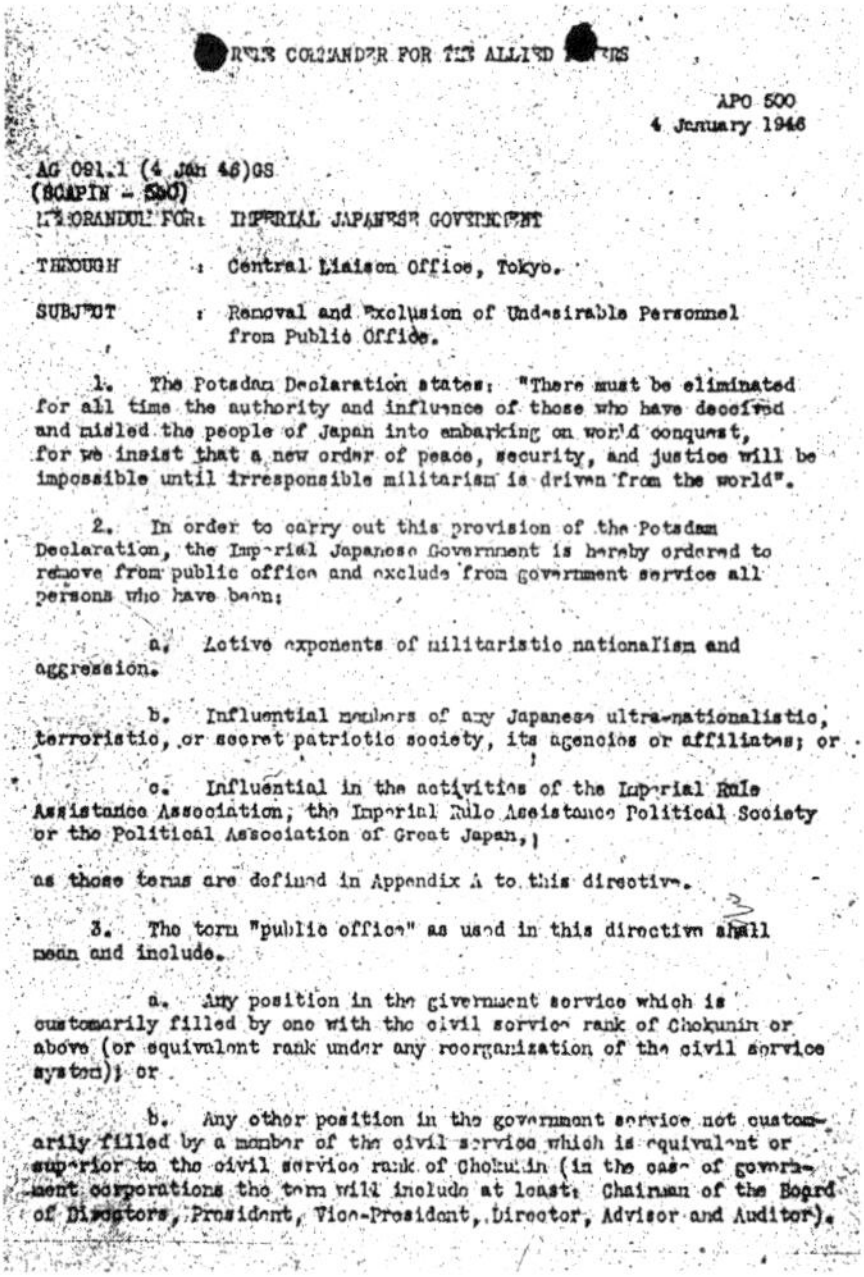
SUPREME COMMANDER FOR THE ALLIED POWERS

APO 500
4 January 1946

AG 091.1 (4 Jan 46)GS
(SCAPIN - 550)
MEMORANDUM FOR: IMPERIAL JAPANESE GOVERNMENT

THROUGH : Central Liaison Office, Tokyo.

SUBJECT : Removal and Exclusion of Undesirable Personnel from Public Office.

1. The Potsdam Declaration states: "There must be eliminated for all time the authority and influence of those who have deceived and misled the people of Japan into embarking on world conquest, for we insist that a new order of peace, security, and justice will be impossible until irresponsible militarism is driven from the world".

2. In order to carry out this provision of the Potsdam Declaration, the Imperial Japanese Government is hereby ordered to remove from public office and exclude from government service all persons who have been:

a. Active exponents of militaristic nationalism and aggression.

b. Influential members of any Japanese ultra-nationalistic, terroristic, or secret patriotic society, its agencies or affiliates; or

c. Influential in the activities of the Imperial Rule Assistance Association, the Imperial Rule Assistance Political Society or the Political Association of Great Japan,

as those terms are defined in Appendix A to this directive.

3. The term "public office" as used in this directive shall mean and include:

a. Any position in the government service which is customarily filled by one with the civil service rank of Chokunin or above (or equivalent rank under any reorganization of the civil service system); or

b. Any other position in the government service not customarily filled by a member of the civil service which is equivalent or superior to the civil service rank of Chokunin (in the case of government corporations the term will include at least: Chairman of the Board of Directors, President, Vice-President, Director, Advisor and Auditor).

第一次公職追放指令の原文(増田弘氏提供)

ナチ党員ら追放者に対して重労働、財産の没収、市民権の剝奪など刑罰的な制裁を科した。日本ではそこまで厳しくなかったとはいえ、周囲から冷たい視線を浴びて、いつまで追放されるか分からず、「塀のない監獄」に長く入っているようなものだった。さらに、ドイツにはなかった独特のG項があるので、すねに傷を持つ日本人はおびえた。

「人間宣言」直後の昭和天皇の苦悩

人間宣言したばかりの昭和天皇も、GHQ指令に苦悩していた。指令の内容を知った時の天皇の様子を、藤田尚徳侍従長（元海軍大将）が著書の『侍従長の回想』に書き残している。

「『ずいぶんと厳しい残酷なものだね。この通りに実行したら、今まで国のために忠実に働いてきた官吏その他も、生活できなくなるのではないか。藤田［侍従長］に聞くが、これは私にも退位せよというナゾではないだろうか』真剣なおたずねであった。

「マッカーサー元帥がどう考えているか、幣原総理大臣に聞かせてみようか」陛下は思いつめた表情をなさった。

［侍従長は緊張の汗をかきながらこう答えた］「それはなさらぬ方がよろしいと存じます。もしも幣原首相がマッカーサー元帥にご退位のことを聞けば、元帥の返事はイエスかノーか二つしかございません。ご退位の可能性が二分の一はございます。元帥が意見を明らかにすれば、

占領下においては引き込みがつきませぬ」

陛下はうなずかれた。「そうか、その考えもあるな。では幣原に聞かせるのはよそう」

国のためになるならば退位も辞さない。それは退位して、陛下の一身が楽になるというためではない。国民のため、日本再建に役立つのならば、戦争の責任をとって退位する覚悟、これが陛下のご心境であった」

公職追放指令が天皇の退位問題と絡んで、昭和史が大きく変わったかもしれない瞬間だった。

この日の夕、昭和天皇は石渡荘太郎宮内大臣から退任の申し出を受けた。石渡宮相が元大政翼賛会事務総長だったことで、追放指定の該当者となったからだ。藤田侍従長も後日、海軍の正規軍人で海軍次官だったことなどにより、追放該当のため退任。この時のことを藤田侍従長は前掲『侍従長の回想』で書いている。

「私［侍従長］は陛下から石渡宮相の辞意を聞いて驚き、宮相に先手を打たれたことを申し上げると、陛下はやはり寂しい表情をなさった。

「宮中で働いている者にも該当者は少なくないであろうが、急にすべてが去っては、疑惑を生じる向きもあろう」」

天皇はこうして側近を次々と失っていった。

６閣僚が追放該当で内閣崩壊の危機

公職追放指令の激震はなおも続き、幣原内閣は大混乱する。同1月9日にマッカーサーと面談した吉田茂外相は、内閣閣僚に内相、文相ら6名の追放該当者がいることを告げられた。東久邇内閣に続き、幣原内閣も追放問題で内閣総辞職の危機を迎えた。憲法改正に取り組んでいたので、担当の松本烝治国務大臣は元満鉄監事だったことが追放理由とされたが留任、松本大臣を除く5閣僚を入れ替えた改造で、ようやく危機を乗り切った。

さらに衝撃的な記事が同17日、新聞に掲載された。昭和天皇の弟宮3方をはじめ、東久邇前首相（元陸軍大将）ら皇族15方が公職追放の指定該当者に含まれることが報じられた。終戦まで多くの男性皇族には、軍歴があったからだ。天皇の弟宮を除き、東久邇前首相は同年に、続いて多くの男性皇族が翌47年に皇籍離脱後、公職追放となった。こうしてパージの波紋が全国に拡大していくのであった。

2　組閣直前の鳩山一郎総裁も粛清

追放により指導層の入れ替えを目指す

ＧＨＱは日本軍の武装解除に加え、日本国民の「精神的武装解除」を目指した。そのために欠かせないのは、日本の指導層を入れ替えること。戦後初めての総選挙を前に、GHQは自分たちに非協力的な人物を各界から締め出し、GHQに友好的な議会を作れば、占領はうまくいくと考えていた。

追放指令の厳格な法令化をGHQから命じられた日本政府は、追放該当者の細目基準をGHQと折衝しながら決めた。それが46年3月に発表されると、中央政界を直撃した。

戦時中の42年に行われた総選挙（翼賛選挙）で、東条英機内閣の戦争遂行政策を支持した翼賛政治体制協議会の推薦を受けた立候補者（定員と同数の466人）は、当落にかかわらず追放該当となり、立候補出来なくなった。推薦議員が多かった保守政党の進歩党は国会議員274人中260人が追放となり、大打撃を受けた。

幣原内閣からもまた追放該当の4閣僚を出すことになった。すでに46年1月に5閣僚を、3月9日には阪急電鉄や宝塚歌劇団の創始者として知られる小林一三国務大臣・戦災復興院総裁（第2次近衛内閣で商工大臣だったことが追放該当）を失ったばかりだ。さらにまた、渋沢敬三蔵相（渋沢栄一の孫で、戦時中に日銀総裁）ら4閣僚が追放となれば、内閣崩壊は免れない。幣原首相はマッカーサーに頼み込み、翌月の総選挙まで内閣をかろうじて維持した。

増田氏はこう解説する。「GHQは総選挙で保守勢力をそぎ落とし、社会党など革新勢力に有利な政治状況を作ろうと考えていた。そこで、総選挙の立候補予定者をふるいに掛け、東条内閣の推薦を受けた者はすべて、追放対象項目の中であいまい規定のG項［その他の軍国主義者や極端な国家主義者］を適用し、立候補できないようにした」。こうして466人の前議員中、8割を超える381人が失格確実となり、政界は大混乱に陥った。

追放に消極的な日本側に怒るGHQ

日本政府は同2月末、追放のための審査を行う「中央公職適否審査委員会」（第1次）を内閣に設置。委員長は楢橋渡・内閣書記官長（官房長官の前身）、委員には吉田茂（当時外相）の側近として知られる白洲次郎・終戦連絡中央事務局次長や、各省の次官らが選ばれ、立候補予定者の事前審査を行った。

GHQは厳格な資格審査を望んだが、現状の大きな変革を望まず、追放該当者を出来るだけ少なくしようとする日本側委員会とのズレが表面化してくる。日本側には、戦前戦中の第一線にいた者全てが追放該当の軍国主義者だったわけではないという意識が根底にあったからだ。日本の〝消極的な姿勢〟に怒ったGHQは、総選挙の6日前に厳しい見解を発表した。

「［日本側委員会の］資格審査に合格したから、総司令部［GHQ］の支持を受けたわけではない。公職に就くことについては、当選後でも総司令部で再審査することがある」

日本の審査は信用しない、当選議員でもGHQから独自の追放指令を出すぞという警告だった。

女性が参政権を得た戦後初の4月10日の総選挙では、定数466のうち、自由党141、進歩党94、社会党93、協同党14、共産党5などとなった。単独過半数にはほど遠いが、第1党の自由党、鳩山総裁が後継内閣の首班となることが内定。幣原首相は5月3日、天皇に報告して日本側の手続きに区切りがついたところで、GHQに承認を求めた。

鳩山総裁の不用意な言動が問題に

ところが翌日午前、鳩山総裁が閣僚名簿を巻紙に書いて、天皇に呼ばれるのを待っているところに、外務省から英文書が届く。

「議院に登院することをチェックする」。国会に登院してはならない、つまり公職追放の通知だった。GHQが強権発動し、日本側委員会の頭越しで行う直接指令第1号の追放者となった。

GHQは鳩山の追放について、日本政府への覚書にこう記している。「日本政府が自らの責任で処置できなかったので、連合国軍最高司令官は鳩山に関する諸事実を検討し、好ましからざる人物だと確認している」

その理由として、①田中義一内閣の内閣書記官長として1928年、厳罰化した治安維持法の改正を議会の承認なしに行った、②戦前の学問弾圧事件である「滝川事件」(刑法学者だった京都大学の滝川幸辰教授が危険思想だと批判され、文部省から休職処分を受けた）の時の文相だった――など5点を挙げた。

このほかの理由もあったと増田氏は説明する。「鳩山には総選挙前後の露骨な共産党批判や、『GHQは自分を重要だと見ている。総理になればパージにならない』と財界などにうそぶいた、不用意な言動があった。当時はまだ冷戦が本格化する前なので、反共宣言は早すぎた。敗戦国のリーダーとして自覚、反省が足りず、GHQを侮辱したと、逆鱗《げきりん》に触れてしまった。総理大臣になろうとしている者でも、GHQに逆らい、あるいは意に沿わない態度を示せば許さんぞという、戦勝国の〝見せしめパージ〟だった」

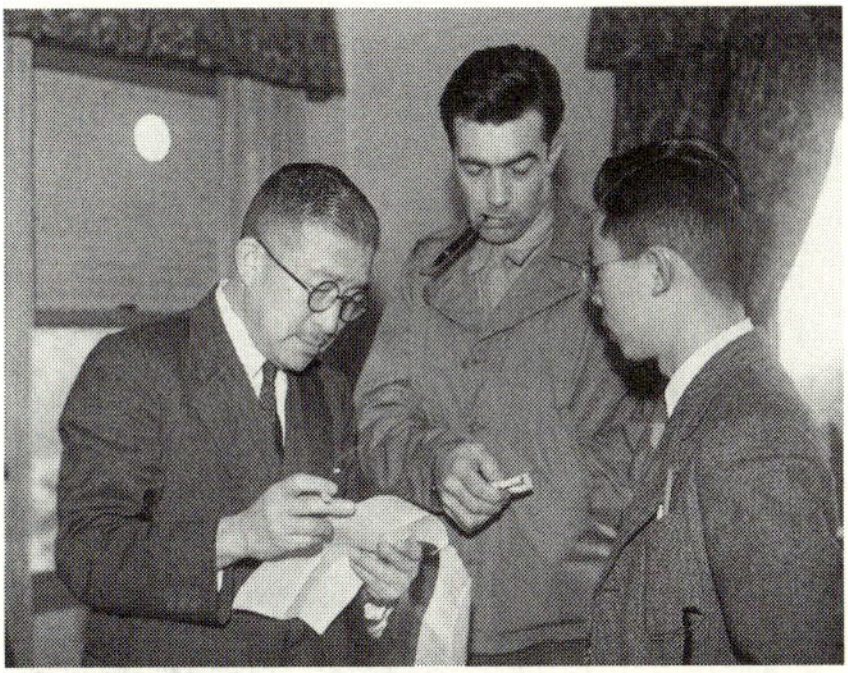
公職追放指令の通知を手に取って見る鳩山一郎 自由党総裁・1946年5月4日（共同通信社）

鳩山はこの後、5年余の浪人生活を強いられた。GHQは強権発動を続け、46年6月、衆院議長に予定されていた三木武吉、自由党幹事長の河野一郎（河野太郎元外相の祖父）ら鳩山の盟友を含む国会議員8人を次々と追放した（鳩山追放については、本章の後半で詳しく検証する）。

吉田茂

パージ政策に口出しを始めたソ連代表

鳩山に代わって総理大臣になった吉田茂は同月、追放者決定について日本側で審査する新たな委員会（第2次）を設置した。委員長は、戦前に天皇機関説を唱えて軍部や右翼に攻撃された憲法学者の美濃部達吉。委員には、リベラルな言論人だった馬場恒吾・読売新聞社社長ら民間からも起用された。

追放該当者は第1次委員会の時よりは少し増えたとはいえ、1日平均1・6人ほどのスローペースで、GHQは日本側に不満を持ち続けていた。さらにGHQは追放された政治家が依然として活動していることを指摘して、日本政府に「ポツダム宣言違反だ」と警告した。

この頃には、日本の占領を管理するため米英ソ中の4カ国で構成された連合国の「対日理事会」が本格的に動き出した。ソ連代表は会議で現職政治家の名前を具体的に挙げながら、「議会からの追放該当者は100名以上に達するであろう」と批判し、GHQのパージ政策に口出しするようになっていた。

一方で、GHQはすでに大規模な第2次公職追放の計画を進めていた。吉田首相は当時の思いを後の回想録でこう書き残している。

「当時の実情は、政界では第一次公職追放の実施によって、また財界、言論界では既に相当深刻な不安と混乱とを惹《ひ》き起こしていた。追放令の本旨が直接戦争責任者の排除に在るべきだということからいっても、かくの如き大拡大には、日本政府として承服できないので、ついには、私からもマッカーサー元帥に対して手紙で訴えたりした」(『回想十年　第2巻』)

しかし、各界にさらなる混乱が広がることを恐れる日本の願いを、GHQは受け入れなかった。

3　町内会長まで排除した地方パージの嵐

初の統一地方選の前の荒療治

GHQは46年4月の総選挙を前にした第1次公職追放指令で、前議員の大半を追い出し、次に女性39人を含む新人議員が8割超の衆院を誕生させて、さらに鳩山自由党総裁ら当選議員の大物も次々と追放した。これで一応、中央政界からは好ましくない旧指導者らを排除したとGHQは判断。だが、地方では戦前戦中のまま古い指導者が多数残っていた。

そこで、GHQは総選挙が終わった頃から、第2弾となる地方パージに動き始めた。初の統一地方選が近く行われるので、その前に荒療治を急ぐ必要があった。GHQは同8月、日本政府にパージ計画の原案作りを命じた。内務省が担当したが、GHQはたびたび干渉し、追放者の拡大をめぐる攻防戦が展開された。

追放拡大をめぐるGHQと日本との攻防

日本政府の原案では、①追放該当者で現在、都道府県市区町村の議会の議員または市区町村長、助役、収入役は退職、②追放該当者は都道府県市区町村の公職に就けない——などとされた。

これに対しGHQは、①日本案が追放令適用の公職の範囲を都道府県市区町村の職員までとしたが、これに「市町村の監査委員、区長、町内会長、部落会長、漁業組合長、農業会長」などを追加、②(日中戦争の発端とされる盧溝橋事件が起こった)1937年7月から45年9月(終戦後の降伏文書調印式)の間の市区町村長、町会長、部落会長は公職から追放され、今回の選挙から立候補出来なくなり、10年間、あらゆる地位から排除される——と厳しい要求を突き付けた。

戦時中の市区町村長だけでなく町内会長らも追放というGHQの強硬論に、日本側は「戦時中の地方は政府の命令に従っただけだ。町内会長は区域内の日常生活の世話をする仕事で、公職ではない。際限のない、実質とかけ離れ過ぎた追放令の拡張は、国民に深刻な影響を与える」と反論。

しかし、GHQは日本の主張を退けただけでなく、新たに、「追放者の三親等以内［法律上の親族］の者は10年間、追放対象の公職に就けない」という規定を入れるよう要求した。本人だけでなく親族にまで累が及ぶというGHQ案に対し、吉田首相はマッカーサーに書簡を送り、「殺人者の親族でも自由にしている」と述べて、時代遅れの考えであり「現在の公正観念に反する」と強く再考を求めた。

だが、マッカーサーは「もし親族から〝身代わり〟が出て権力を継げば、追放者の影響力が持続されるのは明らか。連合国の関心は、日本に汚れていない指導者を出すことだ」と主張して、日本側の見直し要求を拒否した。

「追放に関して当初から日本政府とGHQとの認識の違いがあった。マッカーサーは追放を「民主主義日本の建設」のための技術的手段と理解していた。しかし、日本側は追放をあくまでも戦争責任者に対する懲罰だと理解。形式的に軍国主義体制に関与していても、実質的に何ら責任のない地方の有力者らを追放するのは不当だと訴えた。結局は戦争の勝者と敗者という絶対的関係で全てが決着した」（増田氏）

『内務省対占領軍』

ＧＨＱは米軍35万人を中心とした最大43万人の連合国軍を背景に占領政策を進めたが、日本の省庁の中で最も抵抗したのは、当時、最有力官庁の内務省だった。特に追放を担当する地方局（後に自治省）の役人たちが、強い反骨精神を見せた。

その一人、小林與三次《よそじ》事務官の当時について、評論家の草柳大蔵は著書『内務省対占領軍』でこう書いている。

「毎日のように、堀端にあるＧＨＱに通った。当時、彼はイガグリ頭の上に戦闘帽をかぶり、頭陀袋を肩からかけて、まるで引揚者か敗残兵のような格好をしていた。（中略）『軍人による戦争には敗けたが、歴史と伝統を保持する日本は潰れてはいないぞ』という気概が、彼に〝復員スタイル〟をとらせていたともいえる。そんな格好の小林が大理石づくめのＧＨＱ（第一生命館）に入ってゆくと、米兵たちはびっくりしたような顔でながめたが、夜になって彼らの宿舎になった大蔵省の前を小林が通ると、米兵たちはおもしろがって戦闘帽の上からポンポン叩《たた》いた」

無理難題をふっかけてくるＧＨＱと闘っていた小林は、地方職員がパージ該当者かどうかの資格審査も行っていた。説明のつく限りは一人でも多く追放非該当にし、ＧＨＱに指摘されても弁明出来る限りは、全て放除外にしていた。

小林はGHQに最初は同調するような素振りを見せ、しかし最後は反対したことから、「イエス・バット（yes, but）マン」と呼ばれた。GHQ担当官を何度も激怒させ、嫌われた小林は、後に自治次官となり、日本テレビ、読売新聞社の社長となる。

武道振興団体もパージ

地方パージが進んでいた47年4月に、初の統一地方選と戦後2回目の総選挙が行われた。衆院議席（定数466）は社会党143、自由党131、民主党（保守系の旧進歩党に、自由党からの脱党者らが合流）124、協同党（中道）31など。第1党に躍り出た社会党の片山哲委員長を首班とする片山内閣が、自由党抜きの3党連立で同6月に成立した。日本国憲法施行の翌月のことだ。

日本の変革を望んでいたGHQは、新内閣を歓迎した。マッカーサーは片山との初会見で新首相がクリスチャンなのを喜び、「日本はこれから東洋のスイスたれ」と語ったという。

だが、この政権交代期にGHQはさらに難題を突き付ける。柔道や剣道など武道の振興のための団体「大日本武徳会」は46年11月、GHQに命じられて解散したが、翌47年になってGHQは同会に関わった人物をパージせよと指示してきたのだ。追放該当項目のあいまい規定のG項（軍国主義者や極端な国家主義者）がまた適用された。日本側は「大日本武徳会はスポーツ団体であり、右翼の政治団体ではない」と再考を求めたが、「軍国主義の手先」と思い込んだGHQは聞き入れなかった。

戦時中に東条首相が同会の会長となって改組した42年3月から45年9月までの、1000人を超える主な役職者が公職追放となった。武道禁止令まで出て、日本武道は一時、廃止の危機に追い込まれた。

武徳会パージの背景を、増田氏はこう解説する。「GHQは最有力官庁の内務省の解体を目論み、上級職の追放を進めたかったが、従来の基準ではなかなか大量追放できなかった。そこで、各県などにも支部があり、支部長を内務省上級職の警察部長［本部長］らが兼務している大日本武徳会を狙い撃ちした」

追放の拡大に不満を示した昭和天皇

追放の範囲が拡大されたことで、昭和天皇の苦悩は深まり、公職追放のことをしばしば話題にするようになった。第2次公職追放令が出てから半月後（47年1月20日）、マッカーサー会見の際に通訳を務める寺崎英成・宮内省御用掛との面会で、昭和天皇は「戦争犯罪［東京裁判のことと思われる］や公職追放等につき種々お話があり、米国に恩赦・特赦を期待する」ことなどを話した（『昭和天皇実録』昭和二十二年一月）。

昭和天皇はその後も寺崎と面会した際（同9月26日）、終戦に導いた鈴木貫太郎元首相（海軍大将）が前年に追放対象となったことを引き合いに出して、「鈴木は平和主義者であったのに」と不満を示した（『昭和天皇実録』昭和二十二年九月）。鈴木は追放の対象になると当時の枢密院《すうみついん》（国政に関する重要事項を審議した、天皇の最高諮問機関）議長を辞し、郷里（千葉県野田市）に帰って2年後に死去した。

こうして約21万人の追放者、追放対象となったことで辞職した者、さらにその家族らを含めると、全国で１００万人以上がパージの嵐に巻き込まれていく。昭和天皇が耐え忍ぶ日々はさらに続いた。

4　ＧＨＱ内の対立と、米国政府のパージ政策転換

ニューディーラーと職業軍人

一枚岩に見えたＧＨＱ内部には、占領初期から二大勢力による根強い対立があった。その一つは、日本を民主国家に再生させようとする、社会民主主義的な思想を持った「ニューディーラー」たちで、その中心人物は占領政策を担当した民政局（ＧＳ）次長のケーディス大佐。民

間人出身者が多く、日本の変革を求めた。

もう一つは職業軍人たちのグループで、日本の旧指導層を温存しようとした現実主義的な勢力。その中心は、第1章にも登場した諜報活動や検閲を担当する参謀第2部（G2）部長のウィロビー少将で、日本の安定を求めてパージの拡大に抵抗していた。

チャールズ・ルイス・ケーディス

公職追放を担当したのは民政局内の人員二十余名の小さな課だが、局次長ケーディス大佐の強い指導力で、日本側を追い込んでいった。しかし、冷戦が本格化してきて米ソの潜在的対立を重視する職業軍人グループは、民政局の徹底した非軍事化・民主化策が日本を弱体化させ、ソ連が介入してくると警鐘を鳴らし続けた。拡大化された地方パージについても、民政局の強硬方針に反対し、対立を深めていった。

次期大統領候補になりたかったマッカーサー

一方で、東京（GHQ）とワシントン（米政府）との対立が始まる。対立の起点はマッカーサー元帥が第2次公職追放の開始から2カ月半を経た47年3月、外国人記者団との会見で語った「今や日本と講和すべき時が来た」との発言にあった。ワシントンとの事前協議もない突発的なもので、その後にGHQが講和に向けて動き出すことはなかったが、この発言は翌年の大統領選と無関係ではなかった。

「マッカーサーは、共和党候補に選ばれ次期大統領に当選することを思い描いていた。その場合、日本占領の輝かしい成果こそが彼の最大の武器であり、講和会議を成功裏に終幕させれば、自分の存在感を米国民にいっそうアピール出来る。マッカーサーはそこに照準を合わせていた。しかし、現職のトルーマン大統領が再選を目指しており、東京でのマッカーサー発言が本国政府との対立の始まりとなった」（増田氏）

マッカーサーが提唱した早期対日講和論は、国務省極東局で検討された。同8月にまとめられた講和草案（対日平和条約案）は、対日厳罰方針を示していた。日本に厳しい賠償を求め、講和後25年間にわたって非軍事化の監視を続け、非軍事化政策の違反を摘発する監視委員会を置くといった内容だった。

対ソ封じ込め戦略のケナン登場

この草案に対し、「現実的ではなく、極めて危険である」と待ったをかけたのが、同じ国務省の政策企画室長、ジョージ・ケナンである。後にケナンは、冷戦期の対ソ封じ込め戦略の立

ジョージ・ケナン

案者となり、米国の対外政策の形成に大きな役割を果たしたことで知られる。
　そのケナンは当時の日本を、米ソ関係で地理的かつ戦略的に重要な地位を占め、国際政治や、極東の軍事・工業の両面でも潜在的大国であり、共産化された中国と比較にならないほど米国にとって重要な国家だと見ていた。このため、米政府はGHQへの指令を日本の経済的自立のためになるよう変更すべきで、パージ政策などは日本の安定に反するから即時中止すべきだと強調した。
「ケナンは、日本の経済復興に対する強い関心から、日本の共産化を防げる政財界の指導者の追放を心配した。国際冷戦の観点からも、日本の保守勢力が指導力を回復することを重視した」（増田氏）
　日本の改革よりも安定を重視して、日本経済の復興を推進するケナンの提言が国務・陸軍省で承認されると、パージ政策の見直しが国務省極東局で検討された。［SECRET］と書かれた数々の秘密資料を米国立公文書館で調べた増田氏によると、バターウォース極東局長から48年1月、占領地域担当の国務次官補に出された機密文書「日本のパージ規定の修正」は公職追放の現状を批判し、追放政策の終結を提起していた。

主な内容は、

1. 日本の降伏後2年以上が経過した今日でさえ、多くの日本人が毎週追放されている。彼らが軍国主義体制を積極的に支持したか否かは無関係に、追放が実施されている。
2. パージ計画の根底には、日本の旧指導者全てに一定の過失があり、除去されなければならないとの論理があった。この論理が長期に実施されると、戦前に親米的で反共的だった日本人が追放されて、必ず占領政策や米国に悪意を抱くようになり、敵に回してしまう。
3. 経済パージが徹底されすぎて、経済回復に害を及ぼすほどになっている。
4. 私（局長）はパージが明らかに行き過ぎであると思う。国務省内でパージ計画の見直しや緩和が直ちに検討されるべきだ――。

マッカーサー説得にケナン来日

マッカーサー説得のため、ケナンが同3月に来日。米陸軍からもドレイパー次官が来日して三者会談が行われ、マッカーサーは、パージの予定もだいたい終了したので、間もなく終わらせる方針を漏らした。

帰国したケナンは長大な対日政策報告書を書き上げ、その中で、国際冷戦の視点と論理を日本の国内問題に適用するよう主張した。「パージにより重要な地位から退けられた日本の指導者たちは、改革後の新制度に対する不満分子になっており、そこに共産主義がつけ込む危険がある。したがって、対ソ封じ込め政策を積極的に占領政策に適用すべきである」として、ケナンは追放計画の終結を訴えたのである。

経済界出身のドレイパー陸軍次官も、インフレが猛威を振るい、パージで人材不足となった日本経済の崩壊しつつある状況を視察して、帰国後に対日占領政策転換の文書をまとめた。追放についての序文に、「これ以上のパージの拡大は意図されておらず」と入れ、追放者の資格回復、再審査などの新たな措置を盛り込んだ内容になっている。国務省と陸軍省の足並みがそろってきたことで、パージ終結が近付いてきた。

米誌「ニューズウィーク」がマッカーサー批判

米政府の対日占領政策転換に関し、もう一つ注目すべき動きが裏舞台であった。地方や経済界にも広がった第2次公職追放令が出た47年1月、米誌「ニューズウィーク」が、「日本での占領政策は失敗に次ぐ失敗であった」「活動的で有能であり、共産主義の脅威に対して米国と共に戦う意思を持つ日本人実業家3万人が、新しい公職追放令で仕事から外されようとしている」とマッカーサー批判の記事を掲載した（実際に経済パージされたのは約2000人）。その後も、GHQのパージを批判する記事が続いた。

それまでの米国の報道はマッカーサーの占領政策を評価していたので、異色の記事だった。問題視した読者が米上院議員に書簡を送り、さらに同議員が国防総省に回答を求めるなどして、政界に波紋が広がった。威信を傷つけられたマッカーサーは、大統領選出馬を邪魔する陰謀だと怒ったが、パージ問題がワシントンと東京の問題へと発展した。

キャンペーンの〝黒幕〟は、ハーバード大学出身で米誌「ニューズウィーク」外信部長の肩書を持つハリー・カーンだ。盟友であり、日本生まれで日本語もうまく、日本に人脈を持つ英国人、コンプトン・パケナムを終戦の翌年（1946年）に東京支局長として送り込み、GHQ占領政策の問題点を取材させて反マッカーサーの一大論争を巻き起こした。

カーンは、日米開戦時の駐日大使で開戦回避や終戦交渉に尽力したジョセフ・グルーらと共に48年6月、本国で対日ロビー活動を行う圧力団体「アメリカ対日協議会」を結成。ワシントンの対日占領政策転換に影響を及ぼすことになる。

「カーンの狙いはあくまでも反マッカーサー運動の強化で、日本のためにというものではなかった。しかし、ジャパン・ロビーを組織して反GHQ・反マッカーサー運動を推進し、国務省と陸軍省間を取り持って、パージをはじめ対日占領政策を転換させた一人として、カーンの存在は見逃せない」（増田氏）。その後、日米間の軍用機売買に関する疑獄「ダグラス・グラマン事件」（70年代末）などでカーンの名が登場する。

米政府は、日本が「反共防波堤」となり、経済的に自立した同盟国となるよう再構築を目指して、パージ終結に向けて進むが、最終段階の「追放解除」にまた時間がかかった。立ちはだかったのは東京のマッカーサーだった。

5 ついに動いた昭和天皇の〝独自外交〟

米国政府に抵抗するマッカーサー

マッカーサー説得のため来日した米国務省のケナンは、帰国後も積極的に動いた。ワシントンに戻って2カ月後の48年5月、英外務省や駐米英国大使館の幹部と会談し、「日本人を不快にさせ、心理的不安感をもたらすパージと戦犯裁判を極力短期間で終了すべき」と説いた。米英ソ中の4カ国で構成される日本占領管理機関「対日理事会」の〝ビッグ・フォー〟であり、米国の重要な同盟国でもある英国に、パージは主要な戦争責任者に限定すべきなど、対日占領政策転換の必要性を理解させ、了解を取り付けたのだ。

同じくケナンと共に訪日してマッカーサーを説得したドレイパー陸軍次官は同6月、マッカーサーに、パージの緩和など理解を求める文書を、かなり気遣った表現を多用して送った。しかし、マッカーサーからの返信は予想を超える厳しい反論だった。

「マッカーサーは、当初厳格なパージを命令しながら今度は穏健なパージを命じるワシントンの豹変ぶりをなじった。日本民主化の旗手を任じるマッカーサーからすれば、民主化達成のためのパージ政策をたやすく撤回させるようなワシントン要人たちは許せなかった。このマッカーサーの抵抗は、ワシントンの岩盤を揺るがせた」（増田氏）

日本の改革よりも、安定と経済的自立の路線がワシントンの総意としてすでに定着していたので、マッカーサーの反論は認められなかった。ヨーロッパでは「ベルリン封鎖」、アジアでは朝鮮半島に分裂国家が誕生し、中国も共産党国家が樹立されつつあり、冷戦が世界的規模で広がっていたからだ。マッカーサーが大統領候補となる可能性も消えていた。

追放解除を示唆する米陸軍省

同48年10月が占領期の転機となる。日本では、GHQに歓迎された片山内閣が党内の内部対立などで退陣（同2月）し、その後を継いだ中道の芦田均内閣が疑獄「昭和電工事件」（第3章で詳述）で副総理が逮捕されたため総辞職。そして、保守政権の第2次吉田内閣が成立したのである。

また、米陸軍省がマッカーサーに同11月、①旧陸海軍の大佐以下の将校、②大政翼賛会などの役員、③戦時中の東条政権下での「翼賛選挙」の推薦候補者——らの追放解除について見解を求める文書を送った。明らかに公職追放を解除せよという本国からの示唆だった。

だが、マッカーサーは再び激しく反論。「アメリカが単独で実施しようとしているパージ政策の転換、つまり追放解除は、ソ連を含む連合国全体の合意を得てから遂行すべき」と強調した。「追放政策は終結したが、追放解除は別問題だ」と、マッカーサーが認めなかった。

こうしたことが続き、東京（ＧＨＱ）とワシントン（米政府）との激論が展開されたが、本国政府の冷戦重視派が勝った。政治的敗北を喫したマッカーサーはワシントンに正面から反論するのをやめ、沈黙を守りながら、日米両国政府が進めたい追放解除を凍結させた。このため、吉田政権が追放者のパージ解除を何度決定しても、マッカーサーは認めなかった。いら立ったワシントン政府は、マッカーサーを帰国させ、解任する案を検討するほど、深刻な事態となった。

ＧＨＱ内のパージ推進派が後退

ＧＨＱ内でも大きな動きがあった。日本再生の占領政策を担当し、公職追放を推進していた民政局の中心人物、ケーディス次長が48年12月に帰国した。政界、GHQ要人を巻き込む昭電疑獄で、ケーディスは高額な接待や元子爵夫人とのスキャンダルのため、捜査対象になっていた。ケーディスは保守政権が再登場するのを嫌ったが、GHQ内の反対勢力で日本の旧指導層の温存を図る「参謀第2部」が再び保守内閣を成立させるため、この事件を利用したとも言われている。リーダーを失った民政局は、それ以後、急速に発言力が弱まっていく。

対日講和で大統領特使のダレス来日

追放解除は凍結のままだったが、49年秋からワシントンでは対日講和の動きが活発化してきた。この問題の責任者として国務長官顧問で大統領特使のジョン・フォスター・ダレスが50年6月、来日した。日本が独立回復を果たす「対日講和条約」(サンフランシスコ講和条約)の生みの親となり、後にアイゼンハワー政権下で国務長官を6年務める大物である。

ジョン・フォスター・ダレス

ダレス来日の同じ航空機には、米誌「ニューズウィーク」で反マッカーサー・GHQのキャンペーンを行ったカーンが乗っていた。ダレスは隣席のカーンから機内で長時間、公職追放をはじめとする日本占領政策の問題点を聞かされたという。
「カーンはすでにダレスにも食い込んでいた。講和条約に関して二人は同じ意見で、日本は占領軍が成立させた諸法令を廃止、修正する権利が与えられ、『公職追放の停止』も認められる、と考えていた」（増田氏）
一方、マッカーサーはダレス来日の直前に、日本共産党の幹部らの追放を日本政府に指令し、「レッド・パージ」が始まった。パージ対象がこれまでの軍国主義、全体主義の右翼から、共産主義者などの左翼に移行し、公職追放は「逆コース」に大きく転換したのだ。

天皇の密使となった式部官長

昭和天皇がダレス訪日の機会をとらえてついに動いた。ダレス来日の1週間前の同6月14日、天皇は側近で宮中グループの中心だった松平康昌《やすまさ》式部官長と約1時間半にわたり話した。松平は幕末の名君、福井藩藩主の松平春嶽《しゅんがく》の孫で、英国留学で磨きをかけた得意の英語を生かし、占領期に昭和天皇の「密使」として隠密行動に徹した活躍をした。

同22日、松平は反マッカーサー記事を書いた米誌「ニューズウィーク」のパケナム東京支局長の邸宅（渋谷区松濤）で、幅広く日本人の講和論を聴取したいというダレスのために催された私的夕食会に出席していた。このパケナム邸は松平の宮内庁式部職の部下が所有し、庭に池もある日本家屋で、パケナムが住めるよう裏で手配したのは松平だった。外国人が訪れるパケナム邸に、松平は以前からよく出入りしていた。

密使とはいえ天皇の側近が占領期に反マッカーサーの急先鋒であるパケナムと親しくしていたのは、かなり大胆なことである。これは松平の単独行動ではなく、天皇の了解を得ていたことが容易に想像出来る。

パケナムについては彼の日記を入手したフリージャーナリストで、元「ニューズウィーク日本版」ニューヨーク支局長の青木冨貴子氏が書いた『昭和天皇とワシントンを結んだ男「パケナム日記」が語る日本占領』が詳しい。同書によると、日本（神戸）生まれで日本語がうまい彼は、爵位を持つ英貴族の家系につながる。後に首相となる鳩山一郎、岸信介ら政界の有力者とも親しく、4番目で最後の妻は日本人で、日本国内に幅広い人脈を持っていた。親戚にあたるウイリアム・パケナムは司馬遼太郎の『坂の上の雲』に登場し、日露戦争の日本海海戦を戦艦朝日に乗り組んで観戦し、詳細を英本国に報告した「ペケナム大佐」だ。

パケナムは占領下の東京に赴任し、開戦時の駐米大使だった野村吉三郎《きちさぶろう》（海軍大将、外相）が公職追放となり、

松平康昌

よれよれの姿で食べるものにも困っている様子を見て、マッカーサーの政策に疑問を覚えたという。

ダレスの厳しい発言

話を6月22日のダレスを招いた夕食会に戻そう。この会にはカーン、パケナム、松平のほか、日本側から大蔵省、外務省、警察の要人も参加した。その出席メンバーで、GHQとの交渉役となり大蔵省の終戦連絡部長を務めた渡辺武（後にアジア開発銀行の初代総裁）がこの日の日記に、「三時間色々と日本の平和条約問題等について懇談した」とやり取りの要旨を書いている。当時の冷戦下を意識したダレスの主な発言はこうだ（『対占領軍交渉秘録　渡辺武日記』）。

「日本は国際間の嵐がいかに劇《はげ》しいかを知らないので、のどかな緑の園生《そのう》に居るといふ感じである」

「ロシヤ人の性格はHitlerその他とちがって（中略）、勝算のない戦争はやらないと思ふ。現在の戦力は5：1位でアメリカの優位である。これがつづく限り戦争はない。若《も》し西独及日本がロシヤの手に落ちた場合、この比率がロシヤに有利となり、戦争の危険にさらされる。したがって、アメリカは日独をロシヤの手に委ねることは出来ない」

「自分はこの問題［追放］はあまり関心がない。若しアメリカがロシヤにまけたら自分もやられるだろうが、ゲームにまけたらその位はしかたがない」

パケナム邸での夕食会に先立ち、ダレスはこの日、吉田首相と第1回会談を行ったが、日本に米軍基地を設置する問題で、日本から申し出ることを渋る吉田首相の発言にダレスがいら立ったという。前掲『渡辺武日記』には、吉田首相の発言に関してダレスが夕食会の懇談でこんなことまで言っていたと記されている。

「アメリカとしては仮りに日本の工業を全部破壊して撤退して了《しま》ってもよいわけだ。日本は完全に平和となる。しかし日本人はうえ死にするかもしれない。自分は日本がロシヤにつくかアメリカにつくかは日本自体で決定すべきものと思ふ」

占領下の敗戦国に早く親米国だと宣言するよう迫っているのだ。

首相とマッカーサーの頭越しに天皇の独自外交

天皇はこの2日後の同24日にも松平と面会した。松平がパケナム邸でのことを詳しく報告したのは間違いない。その翌25日早朝、朝鮮戦争が勃発し、国際情勢が一気に緊迫した。松平はダレスが離日する前日の同26日にもパケナム邸を訪問して、重大な伝言をする。

青木冨貴子氏は前掲『昭和天皇とワシントンを結んだ男』で、この時の昭和天皇の思いを推し量り、次のように記している。

「[松平から]ダレスの発言を聞いた天皇は危機感をつのらせた。とくに惨憺《さんたん》たる結果に終わった第一回ダレス・吉田会談後で、ダレスがどれほど吉田に苛立っていたか、聞けば聞くほど、自分から何かしなければ状況は悪化するばかりだと判断したのであろう。

折りしも朝鮮半島では北朝鮮軍が韓国軍を圧倒する快進撃をつづけていた。そこで、[天皇は]口頭のメッセージという形でダレスへ私信を伝達することにした。つまり、吉田もマッカーサーも通り越して、昭和天皇はついに独自外交の一歩を踏み出したのである」

松平からパケナム経由で天皇メッセージを受け取ったダレスは、「今回の旅におけるもっとも重要な出来事」と喜んだ。そして帰国したダレスは、「パケナムから天皇の伝言を託された」との記述を含む訪日報告書（同7月3日付）をアチソン国務長官に提出した。

追放問題について、パケナム邸の懇談では他人ごとのように語っていたダレスだが、天皇からの伝言の内容を次のように報告している（『昭和天皇実録』昭和二十五年六月）。

「米国から高官が来日し、日本側と講和問題で話し合う場合、日本政府や連合国最高司令部（GHQ）が承認する人物と会うだけではなく、現在公職追放中であれ、日米双方の信頼を得た善意と経験ある人物と会うべきである」

「公職追放令の緩和が日米双方の国益に最も好ましい影響を与える」

ここに書かれた「現在公職追放中」「経験ある人物」とは、追放された日本の旧指導者層を指すと見られる。もともとパージの拡大に不満を漏らしていた昭和天皇は、戦後5年がたつこの時点で、追放者も早く解放されて日本復興のために働いてほしいと願っていた。天皇は新憲法のもとでは政治的な権限を持たないが、早く追放解除を行ってほしいとの気持ちで、その意思をワシントン（米国政府）に送ったのである。

「もし、まちがって、天皇のメッセージが露見したとしても、〔天皇〈松平〉からパケナム、カーン、ダレスとつながる〕この〝非公式なチャンネル〟なら、いつでも天皇側が否定できるという、またとない利点がある」とカーンがほのめかしていたことを、青木冨貴子氏は前掲『昭和天皇とワシントンを結んだ男』に書いている。GHQ占領下でこんな大胆で巧みな〝作戦〟が敢行されていたのだった。

6　マッカーサー解任、講和条約の発効で追放に幕

朝鮮戦争の勃発で事態は急変

朝鮮戦争の勃発で、マッカーサーは在日占領軍の大半を率いて朝鮮半島に向かい、国連軍総司令官として指揮した。日本の軍事的空白を埋めるため、マッカーサーは7万5000人の警

察予備隊（自衛隊の前身）の創設などを日本に命じ、日本の再軍備化が始まる。

緊急事態のため、警察予備隊幹部には専門的訓練を受けた職業軍人らの力が必要となり、これまでGSが許さなかった旧軍人らの追放解除を認めるようになった。同年秋には旧陸海軍将校も追放解除になり、GSのパージ政策は崩れ去った。しかし、ダレスが早急な追放解除に慎重な同盟国の見解を尊重して、パージ解決の判断をあいまいにしたため、この問題の主導権はまたマッカーサー側に渡ってしまった。

ハリー・S・トルーマン

そのマッカーサーは朝鮮半島での劣勢を逆転するため、翌51年に入って、北朝鮮軍を支援する中国の工業地帯である東北部（旧満州）への爆撃などを、米本国に要求した。世界戦争に突入する可能性もあり、怒ったトルーマン大統領が同4月11日、マッカーサー解任を決定した。マッカーサーは帰国し、彼の右腕だった民政局長のホイットニーも辞職して、追放解除を拒む重しはなくなった。

マッカーサーの後任のリッジウェイ陸軍大将は同5月3日の声明で、「日本政府に全ての追放問題を再検討する権利が与えられる」と述べた。これを受け、日本政府は翌6月に、石橋湛山元蔵相らを含む第1次追放解除を、同8月に鳩山元自由党総裁、財界の五島慶太、言論界の緒方竹虎、正力松太郎らを含む第2次追放解除を行い、その後も次々と追放解除が続いた。

追放解除の最後となった岸信介

こうした中で、いったんはGHQの承認も得て解除が内定したものの、日本側の判断で取り消されたケースがあった。岸信介（後に首相）ら、太平洋戦争の開戦を決めた東条内閣の5閣僚である。当時の吉田首相が、開戦の責任者である閣僚をまだ占領中に追放解除とするのは国内外にとって適当でないと、意地を通したからだった。

追放者約21万人のうち、岸ら5閣僚と、服役中の戦犯、それに追放解除の訴願（再審査請求）を行わなかった人など計5700人が最後に残された。これらの人も52年4月の講和条約発効に伴い、連合国による約7年間の日本占領が終わり、全ての追放が解除となった。GHQは廃止され、日本人を恐れさせた公職追放は幕を下ろしたのである。

GHQ追放担当官の証言

これまで公職追放の流れを見てきたが、まとめとして、GHQの公職追放を担当する民政局に所属していたハンス・ベアワルド元カリフォルニア大学政治学部教授（2010年死去）の

ハンス・ベアワルド（増田弘氏提供）

当時の体験と追放政策に関する見解を紹介したい。昭和の初め（1927年）に東京で生まれ、少年期を日本で過ごし、19歳で日本語がうまい語学将校として再来日してGHQ民政局で勤務。帰国後、日本の公職追放について米国内で初めて本格的な研究を行い、『指導者追放―占領下日本政治史の一断面』を書いた。

日本人からGHQへ公職追放についての密告が多かったことに関し、ベアワルド氏はその後に公安調査庁との面談で、「主に手紙だったが『この人が昔、こういうことをしたので』『昔、こういうものを書いたので、もう一度調べて下さい。そうすれば、あの人は恐らく追放になるでしょう』という内容だ。反対に、お会いしたいという方から『ある人が最近、公職追放された。何らかの形で助けてもらえないでしょうか』と直接依頼を受けることもあった。そういう時、私は『そのような要望であれば、今お持ちの書類を委員会［公職適否委員会］に持っていって下さい』と言いました」などと語っている（『GHQと日本共産党』）。

追放者約21万人の中で軍人が約8割を占め、官僚はわずか1％未満と少ない。前掲『指導者追放』でベアワルド氏は、「それら［追放］の規準は強調《ウエイト》のおき方がきわめて不公平であった。

公職追放された人の内訳

	実数(人数)	%
軍人	167,035	79.6
官僚	1,809	0.9
政治家	34,892	16.5
超国家主義者	3,438	1.6
事業家(経済界)	1,898	0.9
言論報道関係者	1,216	0.5
計	210,288人	

資料:総理府統計局と、木下半治『'Purge' Policy and After』(追放政策とその結果=日本太平洋問題調査会刊、1954年)。ベアワルド著『指導者追放』から引用

日本の陸海軍の将校はすべて追放の対象となったのに対し、官界や財界ではごく上層の指導者だけが該当したにすぎない。軍部に対してこのように力点がおかれたのは、このグループが世界の将来にとってもっとも危険であるということについて、占領軍当局の間で意見が一致していたことの反映である。逆にいうと、日本国民をあざむき誤まり導いた責任を軍部に負わせようとしていた日本の指導者たちにとって、総司令部のこのような力点のおき方は極めて都合よく働いた」と述べている。

天皇に関しては、「戦争犯罪人として裁判を受けなかったし、追放の対象にもならなかった。天皇に手をふれないでおこうという決定がなされた裏には、(中略)日本占領にとって役立つという信念であった。天皇の権力を削減するためには、追放に代る別の方法が用いられた。明治憲法の下で「国政に関する多くの権

能を持っていた」天皇は、新憲法では「政治的権能のない」「象徴」の地位に移された」とベアワルド氏。

吉田首相も追放対象のボーダーラインだった

GHQは大物政治家の経歴などを徹底的に調べていた。「八〇カ月続いた占領期間中、合計十八カ月の間首相の地位にあった幣原と片山だけが、追放規準からみてその経歴に後暗いところがなかったのである。（中略）吉田にしても芦田にしても、追放指令に規定された公職適格性という点で、ボーダーライン・ケースにあった」とベアワルド氏は書いた（以下、前掲『指導者追放』）。吉田が、対中強硬外交をとり、奉天軍閥の指導者「張作霖」爆殺事件もあった田中義一内閣の時に外務次官であり、以前に奉天総領事だったことなどを指摘している。

「公職追放によって利益を得た政治集団があったとするならばそれは社会党であった」とも述べている。多くの政党は追放で現職の国会議員を失ったが、社会党員の大部分は軍国主義時代には獄中にいたか、要注意人物だったので、追放規準に触れるような活動に参加したり、地位を得たりしていた者が少なかったからだ。こうして、社会党委員長首班の内閣を早期に誕生させることが出来たのである。

結論として公職追放は、「一国［日本］の指導者層を平和的手段で変更するために行なわれた、これまでに前例のない実験であった」「多くの日本人が現在保持している平和主義的・中立主義的な態度を創り出すことに、公職追放は貢献した」とベアワルド氏は述べている。

追放の中途半端な終結が良好な日米関係に寄与

実は、増田氏がカリフォルニア大学に留学していた当時の恩師がベアワルド氏だ。増田氏はベアワルド氏のGHQ人脈を生かして全米を訪ね歩き、当時の関係者から話を聞いて、公職追放に関する多くの著書を書き上げた。

「日本でのパージ自体が、投獄、体罰もあったドイツなどの場合と比較すれば寛大であり、しかも予想に反して短期間で終結された。このため、日本の当事者だけでなく、日本人一般の反米感情が緩和される効果を生じた。もし占領軍当局がポツダム宣言を忠実に履行し、追放該当者を永久にパージしたとすれば、日本社会に反米感情のしこりを残すことで、占領終了以後の日米関係に与えた負の影響は大きかったに違いない。米側のパージ政策が中途半端で終わったことが、皮肉にも戦後の日米2国間の良好な関係に寄与した」（増田氏）

ワシントン郊外の米国立公文書館で、増田氏は膨大な米側の対日パージ関係文書と取り組みながら、こんなことが頭をよぎったという。「もし日本が太平洋戦争に勝利したら、日本は米国に対しどんな占領を行い、また日本人は米国人にどのようなパージを実施したであろうか」

と。

GHQという巨大な組織はもちろん完ぺきではなく、日本の専門家もそろってはいなかったので、様々な誤りを犯し、一方的で傲慢《ごうまん》な追放も行った。でも、日本人が米国人と同様に、これほど緻密な調査と多くの情報と、合理的な判断を積み重ねる作業を行い得ただろうかと、増田氏は何度も自問したという。

日米双方が公職追放の歴史を語らない理由

戦後約80年がたとうとしている現在、日米両国とも公職追放を語る人はあまりいない。その理由について、増田氏は「日本にとっては初めて異民族に支配され、パージされた屈辱の体験であり、米国側にとっても今は同盟国の日本をいじめすぎた加害者意識があるので、双方が思い出したくないからだ」と指摘する。

日本では占領された厳しい時代があったことを知らず、戦争が終わって日米両国がすぐに仲良くなったと思い込む世代が増えてきたという。日本が体験した公職追放の歴史を知っておくことも、戦争の悲惨さを理解するうえで必要ではないか。

以下では、公職追放となった著名な3人のケースを検証していく。

7　最初の女性追放者となった市川房枝

戦争拡大の中で迫られた選択

戦前から婦人参政権運動の指導者として活動し、戦後は「金のかからない選挙・政治」を実行した市川房枝。亡くなる1年前には87歳で参院選全国区に無所属で立候補し、当時最高の278万票でトップ当選した。多くの人に愛された市川だが、1947年に女性として最初の公職追放となり、「戦争協力者」とされて3年7カ月間、自殺を考えるほどの苦悩の日々を過ごしたことは、あまり知られていない。

婦人運動家であり、平和主義者でもあった市川房枝が、戦争に反対していたことは言うまでもない。では、なぜ市川が占領期にGHQによって「好ましからざる人物」と判断され、パージされたのか。財団法人「市川房枝記念会」刊行の『市川房枝の言説と活動　年表で検証する公職追放1937−1950』をもとに見ていく。

市川は1937年、日中戦争の契機となる盧溝橋事件

市川房枝

が起きるまでは、可能な限り戦争反対の意思を明らかにし、軍部の攻撃も行ってきた。しかし、戦争が拡大していく中、婦選運動(婦人参政権運動)をどう続けていくかで、三つの選択肢に苦しんだ。「正面から戦争に反対して監獄へ行くか」「運動から全く退却するか」「現状を一応肯定してある程度協力するか」の選択だ。

市川は、婦人運動の目的は女性の生活を守ることだが、それは女性自身が国家社会に貢献出来る可能性を示すことでもあるという主張を持っていた。戦争が始まってしまった以上は、運動を放り出すことをせず、政府にも「ある程度協力」して女性や子どもたちを守るのが、これまで婦人運動をやってきた自分の責務と決断したのだ。

41年に日米開戦となり、歴史の歯車が急転回していく。全階層の女性を国家総力戦に動員することを目指した「大日本婦人会」の発会式が翌42年、東京・九段の軍人会館で行われた。

この前後の市川の主な活動は四つあった。①国民統制組織と言われた「大政翼賛会」で二つの調査委員会の紅一点の委員となった、②大日本婦人会の審議員の一人となった、③東条内閣のもとで42年に行われた総選挙に際し、「翼賛選挙貫徹婦人同盟」を結成し、自宅を事務所として翼賛選挙運動の一翼を担った、④言論人の団体「大日本言論報国会」の紅一点の理事に就任した――というものだ。当時は大日本婦人会や大日本言論報国会に依頼された講演、講師の謝礼なしに生活、活動が出来なかったという。

終戦後の民主化で「時代の寵児」に

本土決戦を覚悟して婦人義勇戦闘隊の組織化に努めていた市川は、45年8月、昭和天皇の放送を聞いて、敗戦の悔しさに涙した。しかし、これで日本が民主化され、男女平等の社会となることも感じていた。

市川は戦前からの婦選運動家としての業績が評価され、公的な委員をいくつも務め、マスメディアでも大活躍。終戦から3カ月間に大手新聞3紙で6回の論説を書き、女性が参画した新生日本の政治を主張した。全国講演も毎月10～20回行い、「時代の寵児《ちょうじ》」となった。46年9月には、公職追放者に該当するかどうかの「公職資格審査」を経て、NHKの理事に就任した。

53歳、参院選出馬直前の追放

翌47年4月の初の参院議員選挙で全国区から立候補することを決め、事前に同2月、「資格審査」を申請した。その1カ月前に、地方、経済、言論界を対象にした大規模な「第2次公職追放令」が出されたばかりだった。

なかなか許可の連絡が来なかったが、申請から1カ月後の同3月24日、市川は遊説中の秋田県で公職追放の指定を受けたことを知った。53歳の時だ。追放の理由は、先に述べた戦時中に

公職追放中の市川房枝(市川房枝記念会提供)

「大日本言論報国会」の理事を務めていたことだった。

大日本言論報国会は、戦争遂行のため言論統制を担当していた内閣の情報局の指導で42年に設立され、戦時下で実質的に唯一の言論人・評論家の団体。戦争に協力的とされた評論家たちの中から会員が選ばれたとも言われる。会長はジャーナリストだった徳富蘇峰(文化勲章を受賞し、後に返上)。市川はこの会の理事37人中、唯一の女性だった。

GHQはこの団体の理事以上の役員全員を、公職追放項目「C項　超国家主義的・暴力主義的団体の有力者」に該当すると判断したのだ。この会には女性会員もいたが、市川以外は追放を免れた。

「死を考えたことも……」

市川は前年の審査を通っているだけに、「全く予期しなかったので、少なからず衝撃を受けた」と語っている。公職追放後は、戦後初の婦人団体「新日本婦人同盟」の会長を辞任して一切の公職から離れ、疎開先の川口村（現東京・八王子市）に引っ込み、農作業などをしていた。

その年の秋には、小屋のような自宅が東京・代々木の婦選会館の前に完成したので移転。英米の雑誌から女性問題の記事を翻訳して「日本婦人新聞」のコラムに寄稿する仕事をしながら、アヒルやウサギを飼い、周りの空地で野菜を作って暮らした。また、トランプで独り占いにふけっていた。後に市川は追放当時を振り返り、「絶望のふちに追いやられ、死をも考えたことがあった」と回想している。

追放解除を求める17万人の署名と、片山哲首相への請願書

「市川房枝追放」のニュースは多くの日本人を驚かせ、直ちに婦人団体が追放解除を求める運動を始めた。街頭運動も展開され、2カ月足らずで約17万人の署名が集まり、GHQと、追放について日本側で審査する「中央公職適否審査委員会」に提出された。

市川本人は追放から3カ月後の同47年6月、当時の片山首相（社会党委員長）に追放指定解除の請願書を提出した。市川は片山から戦前の総選挙（1937年）に際して、応援演説の依頼を受けている。知人で、総理大臣となったばかりの片山に、市川は「私が、大日本言論報国会の有力な理事という理由は違っており、『日本国民をだまして誘導し、世界征服に駆り立て

た』覚えは絶対ない」と訴え、追放理由を強く否定した。

請願書の中で市川は、「大日本言論報国会は明確な社会主義者と共産主義者のみを排除して、約1200名の言論家と作家より成る職能団体だった。国粋主義団体でも暴力を訴える組織でもない」と追放に該当する団体でないことを強調した。

また、「私は婦人を代表して理事に含まれたのであり、理事会で発言することはほとんどなかった。私が理事を辞任すると、婦人の役員がいなくなると恐れて留まった」と述べ、有力理事ではなかったとしている。

さらに、「私は女性解放のために努力し、満州事変から日中戦争まで堂々と戦争とファシズムに反対した。しかし、戦争の激化に伴い、ある程度国民に要求されていることには協力した。それは婦人の力を政府に認識させ、女性の自由と権利を獲得するためで、太平洋戦争中も同じ態度を保持した。私は真の自由主義者であり、民主主義者であり、［公職追放の対象になる］日本の民主化にとって好ましくない人物ではないと信じている」と個人的な立場を説明。

大政翼賛会については「調査委員会の委員を1年間務めただけ。翼賛会主催の協力会議に一度も代議員に任命されることはなく、婦人に関する翼賛会の集まりにもほとんど招かれることはなかった」と、関係が薄かったことを強調した。

かなり長文の訴えだったが、市川の訴えは実らなかった。日本の首相でも、GHQに市川の追放解除を認めさせることは出来なかった。

「GHQは女性の追放を望むのか」

GHQは、日本の女性運動家たちに理解しがたい論理で、市川の「女性追放者第1号」を決定していた。決定時の経過を記したGHQ民政局文書（覚書）が米国立公文書館に残っている。

47年の参院選立候補を前にした市川について、公職追放にあたるか調べていた日本側の「中央公職適否審査委員会」は、前述したように、市川が追放指令「C項　超国家主義的・暴力主義的団体の有力者」に該当する「大日本言論報国会」の理事だったので、GHQの公職追放担当課長のネピア少佐に報告した。

ネピア課長は「C項に該当する団体の理事は誰でも追放となるのは明白であるのに、なぜ今、このことが特別視されているのか」と尋ねた。これに対し日本側の事務局員は、「彼女が最初の女性追放者になるという理由で問題になっている。GHQは女性の追放を望んでいるのですか」と質問した。

これに対しネピア課長は、「追放指令に該当する者は誰でも追放に指定される。権利と罰則を含め、全ての点で平等の原則が女性に求められることがマッカーサー最高司令官の政策であると理解している」と答えた。この後、ネピア課長はGHQ内で公職追放に関し強い発言権を持っていたケーディス民政局次長らに報告し、「戦時中の活動が追放指令に該当する者は誰でも指定される。追放該当者の性は全く関係ない」という考えで一致した。

ネピア課長は後日、GHQで婦人問題を担当する民間情報教育局（CIE）のウィード中尉（女性）と市川の件で話したが、ウィードは「市川房枝は取り立てて好ましい人物ではない。たとえCIEが市川のために［追放阻止に］介入できたとしても、そのようにしないだろう」と語った。

「市川は軍国主義勢力に接近した」とマッカーサー

マッカーサーの真意は、48年7月、米YWCAの市川の友人に宛てた書簡に表れている。要旨はこうだ。

「市川は言論報国会という超国家主義団体の理事であったために公職追放を受けた。さらに1932年以降、全体主義・軍国主義の拡張勢力に接近した」

「言論報国会の活動を推進した理事は男性も同じく公職追放された。もし市川が別の基準で追放から外されたとすれば、それは女性だからということになり、性における平等が失われる」

婦人運動家の市川が、戦後やっと獲得したばかりの「男女平等」の原則を、早速、自分に適用されて追放されたのは、あまりにも皮肉なことだった。市川の追放指定解除をめぐって、不可解なことが続く。

日本側の追放問題を審査する「公職資格訴願審査委員会」は48年4月、市川の請願を受けて審査し、追放解除の決定をした。理由は「市川の経歴や信条からみても、彼女が日本の民主的平和愛好者の一人であることは広く知られている。調査によっても彼女が国粋主義者である証拠は見出せない。彼女が婦人運動史に貢献したことに鑑み、そうした人物を公職追放することは公平とは言えない」というものだ。

これに対し、GHQのホイットニー民政局長は、市川が大日本言論報国会理事だったから、ということで日本側の追放解除決定を不許可とした。GHQは、追放該当の基準を定めたら、その人がどんなことをしたかを問わず、役職や地位で一律に追放してしまう姿勢をなかなか改めなかった。

同6月7日の官報に、市川の追放指定解除が掲載されたが、翌日付で「不解除」と訂正されることもあった。こうして、一度は開かれかかった市川の追放解除の扉は閉ざされた。

「市川追放の背後に納得出来ない不明朗さ」

市川は追放から間もなく2年となる49年1月、近況報告の中で、「私と同じ言論報国会の理事で［追放］解除になった人が二人あり、私のだめな理由が納得できない」といら立ちをあらわにしている。また、同月の婦人団体による市川公職追放取消運動の中間報告には、「1年半に亘《わた》るこの運動を通じ、市川氏追放の背後に納得できない不明朗さを感じさせられ、それだけに又この運動の将来の多難を想う」と書かれている。

この点に関し、前掲『市川房枝の言説と活動　年表で検証する公職追放』には、次のような記載がある。

「GHQで婦人問題を担当していたウィード中尉は、当時、婦人問題顧問（非公式）に任命されていた加藤シヅエ［婦人解放運動家、衆院、参院議員＝社会党］とは密接な関係にあった。（中略）市川と加藤との間にはすでに戦前から婦人運動を通じて確執があり、戦後、両者の関係はより溝が深まったと言える。市川が追放の背後に表面には表れない何かの動きを感じていたことを一部の人に語っているが、市川がそうした苦しい心境の淵をさまよっていたことは否定できない事実であろう」

同書の執筆メンバーで、市川房枝研究会主任研究員だった伊藤康子氏（元中京女子大教授）は、「アメリカのウィードたちは日本の婦人運動について、アメリカで本を出した加藤シヅエ以外の運動については理解が薄く、それで加藤だけを頼みにしたのではないか。公職追放された市川を敬愛してやまない人々が、憤慨の矛先をGHQやアメリカに向けるわけにはいかないので、加藤シヅエに向けたのかもしれない」と筆者に説明した。

追放中の功労者表彰、そして解放

追放中の市川を喜ばせたのは、49年4月、「婦人の日」に平塚らいてう（「元始、女性は太陽であった」の言葉で知られる婦人運動家）らと共に、婦選運動の先駆的功労者として表彰されたことだ。ＧＨＱから「追放者の表彰」にクレームがあったが、婦人団体協議会は「日本女性たちの総意はアメリカに関係ない」と干渉をはねのけた。

感謝状をもらった市川は、「婦人の地位向上のために30年間闘ってきたことは事実だが、極端なる国家主義者、軍国主義者として追放に処せられている現在、これを受けることは皮肉でもあり、面はゆい」と語った。

それから1年たってもＧＨＱは市川の追放解除を認めなかった。しかし、50年6月の朝鮮戦争勃発で事態は急変する。同10月13日、1万人余の追放解除が発表され、その中に市川房枝も含まれていた。

「3年7カ月の格子なき牢獄から解放された」。57歳の市川は万感の思いでこう述べた。

世間は市川を温かく迎えた。追放解除直後の1週間に、市川は相次いで大手新聞に登場。翌月には新日本婦人同盟を「日本婦人有権者同盟」に改称し、会長に復帰した。新年（51年）元日のＮＨＫ新春放送にも登場。そして、53年の参院選に東京地方区から立候補して当選し、その後に全国区に移り、参院議員を通算5期25年務めることになる。

戦争と追放の思いを吐露した晩年インタビュー

市川は85歳になった78年、出版社のインタビューで、戦争と追放について振り返り、苦悩した心境を吐露している（『近代日本女性史への証言』）。

「共産党の人は、はっきり戦争に反対して監獄に行ったけれど、そうでない人は大なり小なりみんな［戦争に］協力していたといっていいでしょうね、（中略）戦争反対［の運動］を民間として起こしえなかったということです。しかしこれに対しては、私は少し反省しています。このつぎそういう場合になったら、一生懸命反対しようと」

「私自身は戦争協力者として三年七カ月間追放になりましたが、ある程度戦争に協力したことは事実ですからね。その責任は感じています。しかしそれを不名誉とは思いません。（中略）私はあの時代のああいう状況の下において国民の一人である以上、当然とはいわないまでも恥とは思わないというんですが、間違っているでしょうかね」

市川はこのインタビューの中で、公職追放になった婦人は、戦時中に結成された「大日本婦人会」の会長、理事らを含めて「四、五人」だったと語っている。全国約21万人の追放者から見ると、女性の追放者が極めて少ないのは、終戦まで女性が主要な地位につくことが、まれだったからだ。

非戦を貫けず、追放となった重い体験は、再出発した市川の婦人運動と並ぶ、恒久平和を守る活動の礎となる。男女平等を実現するためには、戦争をしてはいけないと悟った市川は、こんなスローガンを提唱していた。

「平和なくして平等なく　平等なくして平和なし」

8　鳩山一郎と吉田茂の大げんか

日本側の「追放しない」決定を覆したGHQ

首相になることが決まっていた自由党の鳩山一郎総裁が1946年5月、組閣直前にGHQからの直接指令で公職追放された。この「鳩山追放」は占領初期の最も衝撃的な「見せしめのパージ」であり、多くの国民が敗戦国の悲哀と屈辱を味わった。

鳩山は父を継いで、弁護士、衆院議員となる。先に述べたが、もう一度経歴を振り返る。1927年、田中義一内閣の内閣書記官長（官房長官）、31年には犬養毅内閣（翌年の五・一五事件以後は斎藤実内閣）の文相に就任。戦時中の42年に行われた総選挙（翼賛選挙）では、東条英機内閣の戦争遂行政策を支持した翼賛政治体制協議会の推薦を受けずに無所属で当選したが、翌年に東条内閣を批判して、軽井沢で隠棲《いんせい》した。

終戦後は直ちに上京し、45年10月、翼賛政治に批判的だった保守系の議員らを中心に日本自由党を結党して、翌月に初代総裁となった。46年4月10日の戦後初の総選挙では、定数466のうち、自由党141、進歩党94、社会党93、協同党14、共産党5などとなり、単独過半数にはほど遠いが、第1党の自由党、鳩山総裁が後継内閣の首班となることが内定した。

幣原喜重郎首相は5月3日の夕方、天皇に報告し、日本側の手続きに区切りがついたところで、GHQに承認を求めた。この日は、東条元首相ら戦犯を裁く極東国際軍事裁判（東京裁判）が開廷。また2日前の5月1日には戦後初のメーデーが行われ、皇居前広場に約50万人が集まるなど、終戦10カ月目の騒然とした日々が続いていた。

鳩山総裁が閣僚名簿を巻紙に書いて、天皇に呼ばれるのを待ち構えていた同4日午前、外務省から英文書の公職追放の通知が届く。日本側の公職追放に関する委員会の調査では、鳩山は追放に「該当しない」と決定されていたが、GHQが強権発動し、日本の頭越しで行う直接指令（メモランダム・ケース）の追放者第1号となった。

当時63歳の鳩山はこの日の日記に、無念の心中をこう書き記している（『鳩山一郎・薫日記　上巻』）。

「追放の内容全く意外の事実のみ。一言の説明の機会与へられずして三十余年の議会生活より追放され、組閣の機会を逸す。［午後5時過ぎの代議士会で］党員の泣く顔を見て直に言を発する能はず閉口した」

鳩山は新生日本のリーダーにふさわしいか

ここから、GHQが鳩山をどう追放に追い込んでいったかを見ていく。GHQ側が鳩山を注視するようになったのは、鳩山が自由党総裁に就任した段階からだ。GHQは鳩山を呼んで、インタビューを行っている。

日本を民主国家に再生させようと、占領政策を担当するGSはインタビューの前後から、鳩山の戦前の政治経歴調査を進め、45年12月中旬までに詳細なデータを集めた。それには、鳩山が①内閣書記官長時代に治安維持法の改正に関与した、②文相時代に学問弾圧の「滝川事件」(刑法学者だった京都大学の滝川幸辰教授が危険思想だと批判され、文部省から休職処分を受けた）の責任者だった、③37年の訪欧時にヒットラーと中国侵略に関連して交渉を行った——などが列記されていた。

GHQは翌46年1月、近く予想される戦後初の総選挙立候補者に照準を定め、追放指令を発出する。GHQ内部では、鳩山が新生日本のリーダーにふさわしいか、その検討が始まっていた。

一方の鳩山本人は、東条政権と闘ったことや、国会で40年に反軍演説した斎藤隆夫に対し衆院議員除名の可否を問う投票で、棄権をして抵抗したことなどから、軍国主義者ではなく、数少ない議会主義者・自由主義者であると自負していた。だから、自分の追放については終始、楽観的だった。日本側の「公職資格審査委員会」が鳩山を「追放非該当」と決定したことで、さらに自信を強め、不用意な言動が問題になる。

鳩山は総選挙を前にした46年2月、勢力を拡大していた共産党を批判して、保守勢力の結集を呼びかける「反共宣言」を行ったのである。当時、戦後に合法政党となった共産党への露骨な攻撃は、各党とも控えていた。まだ冷戦前で、ソ連は米国の同盟国という立場だっただけに、ソ連を怒らせたことに連合国軍最高司令官のマッカーサーは憂慮した。

「連合国側からすれば、鳩山の反共宣言は敗戦国という立場を忘れ、戦前に見られた日本人の傲慢さの現れと思われてしまった」（増田氏）。鳩山は、国際認識を欠いていることを内外に示してしまったのだ。

鳩山の不用意な言動が追放の根本原因

選挙の数日前に、在京外国人記者団が鳩山を公の場（外国人プレス・クラブ）でつるし上げるという出来事があった。鳩山が戦前に訪欧を終えて書いた『世界の顔』の翻訳をＧＨＱの将校からもらった記者たちが、ヒットラーや、イタリアのムッソリーニに好意的な記述を次々と指摘して襲いかかった。鳩山は「おびえきった一老人」と化した。

鳩山を忌避した民政局は、自由党が総選挙で第1党となった後も、鳩山を次期首相だけにはしないよう模索していた。第2党の進歩党（保守系）と第3党の社会党との連立などに期待をかけたが、うまくいかず、自由党が単独で組閣することになった。

「ここに至って、ホイットニーやケーディスらGS首脳は、最後の手段として、消去法的に鳩山追放に踏み切らざるを得なくなった。日本政府に鳩山の資格を再審査するよう要請したが、日本側が応じなかったので、強権発動のほかに残された方法はなかった」（増田氏）

だが、公職追放令を鳩山に適用するには、前述した鳩山の戦前の〝政治的罪状〟ではまだ論拠が薄弱だと、GHQは判断していた。最終的にGHQが鳩山追放を決断する根本原因となったのは、鳩山が「GHQは自分を重要視している」「総理になればパージにならない」と財界にうそぶいたことや、鳩山が総選挙前に提出した公職追放審査に関する調査票に、外国人記者団の追及があった問題の著書を記載しなかったこと、さらに反共発言など、終戦後、鳩山が権力に近付いてからの度重なる不用意な言動だった。

「鳩山の自己過信と、敗戦国のリーダーとは思えない傲慢な態度は、GHQを侮辱したと解釈された。もし鳩山を見逃せば、第二第三の鳩山が現れると、GHQが危惧した」（増田氏）

吉田茂の忠告に耳を貸さず

GHQに鳩山追放の動きがあることを察知した吉田茂外相（当時）は、忠告するため側近の使者を鳩山邸に送った。鳩山は回顧録にこう記している（『鳩山一郎回顧録』）。

「白洲次郎君がやって来て『総理大臣になれば追放される。だから総理大臣をあきらめて幣原内閣に入閣すればパージを免れるだろう』というのである。あれは追放になる三日前のことだったと思う。ちょうど河野一郎君［当時は自由党幹事長］が来ていたので三人で私の寝室で話をした。私は『選挙をやって第一党になったのだから追放を免れるために、他の内閣の閣僚に入ることは断じてしない。どうあろうとも飽くまで所信を貫いて第一党の党首としての道を進む』と言い切った」

鳩山は吉田の忠告に耳を貸さずに公職追放となったのだ。

すぐパージ解除になると思った鳩山の誤算

突然の鳩山パージで、次期首相を誰にするかが問題となった。何人かが候補になったが、最後に鳩山一郎自らが吉田外相を口説き落とした。当時の吉田は鳩山が総裁を務めていた自由党の党員にもなっておらず、固辞したが、三つの条件を鳩山に出して、引き受けた。その条件とは、「金はないし、金づくりもしない」「閣僚の選定（吉田が決める人事）には口出しししない」

「いやになったら、いつでも投げ出す」。

鳩山が5歳上の吉田を選んだのは、鳩山が内閣書記官長（官房長官）を務めた昭和初期の田中義一内閣で、吉田が外務次官だったので知っていたこともある。だが、最も大きな理由は、吉田から総理・総裁のイスをいつでも返してもらえると思い込んだからだろう。

鳩山はこう書き残している。「［吉田君は］俺は辞めたくなったらいつでも辞めるんだ。君のパージが解けたら直《す》ぐ君にやってもらう、とこういって（中略）きた」（前掲『鳩山一郎回顧録』）。鳩山自身も、別に戦争に加担したわけではないから、パージなどすぐ解けると思っていたのである（『私の履歴書　第7集』）。

「昭和十二、三年［1937年頃］の欧米行脚のことを書いた〝世界の顔〟という本が、戦後、パージの理由になろうとは、（中略）その本のなかでヒトラーの労働政策をほめたのだが、それがケシカランというのであった。私の外遊当時、事実、ヒトラーの行政は非常に成功をおさめており、アウトバーンのような立派な道路ができていた。（中略）私はこの本の別の個所で、なんといっても政治は議会主義でなければだめだと説いており、また私が骨の髄からの議会主義者であることもわかりきっているのにパージになった」（前掲『私の履歴書』）

鳩山は言い掛かりによる追放だったと強調していた。

農作業もした追放生活

追放生活に入った鳩山家の前では、警察官が鳩山の行動を監視し、来客の名前も書き留めていた。検事局に呼ばれ、「パージの身で政治に口を出すのはケシカラン」と取り調べを受けることもあった。当時はひどい食糧難で、鳩山は軽井沢で農作業もした。政界から離れ、鳥の声を聞き、四季の面白さを知った。

「パージは精神的、肉体的に非常な苦痛だったが、あとからふりかえってみると、逆に生涯を通じていちばん楽しかった時代であるような気さえする」と述べている（前掲『私の履歴書』）。

鳩山は後事を託した吉田を、最初からクールに見ていたようだ。自身の追放から半月後、ようやく吉田内閣（第1次）が成立し、46年5月20日の前掲『鳩山一郎・薫日記　上巻』にはこうある。

「昨夜来、流産の噂高かりし吉田内閣も夜に至り親任式済む。吉田の評判殊《こと》の外《ほか》悪く、内閣の寿命は短からん」（実際の吉田内閣成立は5月22日で、同日記の5月22日には「十時半吉田内閣の親任式済む」とある）

鳩山の〝予言〟は的中し、1年後には総選挙で第1党に躍り出た社会党の片山哲委員長を首班とする内閣が、自由党抜きの3党連立で成立した。だが、日本の変革を求めるGHQに歓迎された片山内閣が党内対立で退陣し、その後の中道の芦田均内閣も疑獄「昭和電工事件」（第

3章で詳述）で副総理が逮捕され総辞職。こうして48年10月、吉田は首相に返り咲き、第2次吉田内閣が成立する。

翌49年1月の衆院選で、吉田が率いる民主自由党（自由党に、保守系の民主党の一部が合流）が単独過半数を超えて大勝した。池田勇人（後に首相）ら多くの有力新人が当選し、「鳩山党」のイメージは一掃され、この第3次内閣で吉田体制が確立した。こうして第5次吉田内閣まで続く長期政権が出来るが、吉田のライバルになり得た鳩山など、多くの政治家がパージされていたことがその背景にある。

「憲兵隊による監禁」で追放を免れた吉田

GHQが吉田についても公職追放の対象になるか徹底的に調べていたことは前述した。ベアワルド氏は、前掲『指導者追放』でこう指摘している。

「吉田はまた対支「強硬」策（中略）をとった田中義一内閣の外務次官であった。吉田が「日本の侵略計画に重要なる役割を演じた」ものの中に含まれるべきかどうかは、［GHQ内で］かなりの議論の対象となった。吉田が追放をまぬがれたのは、彼が一九四五年春の「戦争終結の密謀」［終戦工作］に参加したため憲兵隊によって一時監禁されたという事実によってである。吉田が職業的官僚であり鳩山が政党人《パーリアメンタリアン》であったという違いを除けば、両者の経歴のめぼしい違いはこれだけであった」

紙一重の差で助かった吉田がワンマン宰相として権勢を思いのままに振るっている間、鳩山ら〝追放組〟は長い浪人生活を強いられた。50年に朝鮮戦争が始まり、GHQはパージ政策を大きく転換し、旧軍人らの追放解除が始まっていたのに、鳩山には朗報が届かなかった。

「私の追放解除を邪魔しているのは吉田君だ」

そして追放から5年が過ぎた51年6月、鳩山は突然、脳溢血《のういっけつ》で倒れた。病気の原因は吉田だったことを、鳩山は前掲『私の履歴書』で、「ひさしを貸して母屋をとられた」と怒りを込めて書いている。

「[追放解除が延び延びになっているので]おかしいと思っていると、私のパージ解除については、吉田君が邪魔をしていると（中略）[友人らから]詳細にきいた。信じられないことだが、ほんとうなら、まったくひどいことをするやつだと思った。しかし残念ながら、現実はその通りであったのである。このことはマッカーサーの幕僚も私のところを訪問して、妻と私を前にすえて証言したのだから間違いない。マッカーサーとしては、私を早々に解除するつもりなのだが、どうも吉田が賛成しないので仕方がないといっていた。それを聞かされたときは、さすがに私も激怒した」

「吉田君とけんかするより仕方がないと思っていた矢先、私は脳いっ血で倒れてしまったのである。怒るということは健康にはいちばん悪いことだと身にしみて感じたのだった。いまでも私は吉田君は善良な人だとは思っていない。パージ問題以後は、私は彼と友だちではないことにしている」

鳩山の吉田に対するわだかまりが氷解することはなかった。

「病身の鳩山君に総理総裁の重責は耐えられるのか」

一方の吉田は回想録『回想十年　第2巻』で、マッカーサーから「鳩山の追放解除は困る」と指示があったと述べている。「［鳩山の反共発言に反発した］ソ連の強い提言で鳩山は追放されたのだから、その解除についてはアメリカ側だけで決め難いのだ」とマッカーサーははっきり言っていたという。

また『回想十年　第1巻』にはこうある。

「鳩山君の依頼を受けて、自由党総裁となったが、（中略）契約書を取り交わしたこともない。また鳩山君より総裁を返せというような要求を受けたこともない。政党の総裁は公器で、私有物ではないから、これを両人の間において、授受の約をすべきでない」

「鳩山君の追放は意外に長く続いた。（中略）鳩山君に対する情誼《じょうぎ》［交遊の真心］からして追放解除について私は常に気にかけておったが、(中略) 総司令部 [GHQ] の承認は [51年] 八月に至って、やっと得ることが出来た」

「然《しか》るにその以前の六月に鳩山君が突然病気で倒れたことを聞いて甚だおどろいた。九月サンフランシスコ条約が出来て日本の独立回復の目途がついたが、鳩山君の病軀《びょうく》[病身] よく独立再建の国務に堪え得るや、重責に堪ゆるの明かならざる限り、私として党総裁および総理大臣の重任に鳩山君を推挙するのは、情誼はともかく、総理大臣として無責任であると感じ、躊躇《ちゅうちょ》せざるを得なかった。私は鳩山君を推挙せざりしことを今なお妥当であったと信ずる」

追放解除組の党内かき回し

鳩山は首相目前の追放、解除直前の病気と不運が続いたので、世間の同情を集めた。鳩山と同様に、追放解除となった政治家が続々と政界に復帰し、その中の保守系政治家の多くが鳩山のもとに結集。そして、吉田と鳩山の激闘が展開されていく。吉田はその模様を、前掲『回想十年　第1巻』にこう書いた。

「自由党内の情勢も、(中略) 鳩山君の病気が一応軽快になるに連れて、同君を中心とする追放解除組の動きは、次第に党内攪乱《かくらん》の気配を濃くし、国会の運営は、自由党内の問題としても困難な事態を示してきた。(中略) 党内一部の、私に対する公然の非難が露骨を極め、選挙運動も非常に困難であったし、選挙後に至っても、種々面倒なことがつづいて起った」

鳩山派は一時、吉田自由党を離党して分党派自由党を結党したり、復党したりして、第5次吉田内閣を打倒する機会をうかがっていた。佐藤栄作・自由党幹事長（後に首相）の逮捕が法相による指揮権発動で捜査打ち切りとなる「造船疑獄」（第3章で詳述）などで、反吉田の気運が高まる中、鳩山は54年11月24日、岸信介（後に首相）、三木武吉（党総務会長）ら反吉田勢力を結集して「日本民主党」を結成。

翌月、民主、左右社会党の3党共同で内閣不信任案を提出してついに内閣総辞職に追い込み、6年（通算7年）の吉田政権が終わった。そして、鳩山はあの追放から実に8年余遅れて、71歳で念願の首相の座に就く。鳩山内閣では追放経験者の閣僚が約3分の2を占め、この点でも吉田内閣との違いを見せた。

翌55年、民主、自由両党の保守合同で自由民主党が誕生し、鳩山は56年に初代自民党総裁に就任した。吉田は新党には参加せず、吉田が佐藤と共に自民党に入党するのは、鳩山が総理総裁を退いた57年だった。

「鳩山の後も、石橋湛山、岸信介と公職追放者の首相が続く。1950年代の日本政治史は、追放から解放された政治家たちの恩怨《おんえん》［情けとうらみ］がこもった政治に彩られたともいえる」（増田氏）

9 GHQに最も抵抗した石橋湛山

最大のミステリーとされる「湛山追放」

自民党の総裁選に勝ったが、総理大臣に在任65日で思わぬ病気のため退陣し、その潔い引き際が今も語り継がれる石橋湛山。リベラルな言論人で2023年には「今こそ湛山に学べ」と超党派の国会議員連盟「石橋湛山研究会」が結成された。同会のメンバーでもある石破茂首相が、24年11月の所信表明演説の冒頭と締めくくりに湛山内閣の施政方針演説を引用したことでも、注目されている。今も信奉者の多い石橋は、終戦の翌年に第1次吉田茂内閣の大蔵大臣となったが、1年後にGHQの指令で戦前の言論活動を理由に公職追放された。数多いパージの中でも最大のミステリーとされるのが「湛山追放」である。

石橋は、日蓮宗僧侶の父（後に日蓮宗総本山身延山久遠寺の法主）の郷里、山梨県で育った。中学を卒業する頃、幼名（省三）から湛山と改める。山梨の日蓮宗の寺院には、子弟の名に「湛」を付ける習わしがあった。湛は、水などが一杯に満ちている、大きくて威厳があることを意味する。

中学の校長が、札幌農学校でクラーク博士の薫陶を受け、熱心なキリスト教徒だったことから、その影響も受けた。石橋は枕元に、いつも日蓮遺文集と聖書を置いていた。自分のことを「有髪の僧」と思い、宗教家たる志は捨てたことがなかった。

26歳で経済専門の出版社「東洋経済新報社」に入社。史上初の軍縮会議となったワシントン会議（1921年）の前に、36歳の石橋は東洋経済新報（週刊）に「一切を棄《す》つるの覚悟」と題する社説を書いた。

「もし政府と国民に、すべてを棄てる覚悟があるならば、必ず我に有利に導けるに相違ない。例えば、満州を棄てる、（中略）朝鮮に、台湾に自由を許す。その結果はどうなるか。英国にせよ、米国にせよ、非常の苦況に陥るだろう。彼らは日本にのみこのような自由主義を採られては、世界における道徳的地位を保てなくなるからだ。世界の弱小国は一斉に我が国に向かって信頼の頭を下げるだろう」

石橋湛山

石橋は激動の昭和が来る前から、支配領域を海外に広げる「大日本主義」ではなく、植民地政策をやめて平和な自由貿易を盛んにする「小日本主義」を訴えていたのだ。当時、ここまで日本の進むべき道を明確に示した言論人は石橋だけだったといわれる。

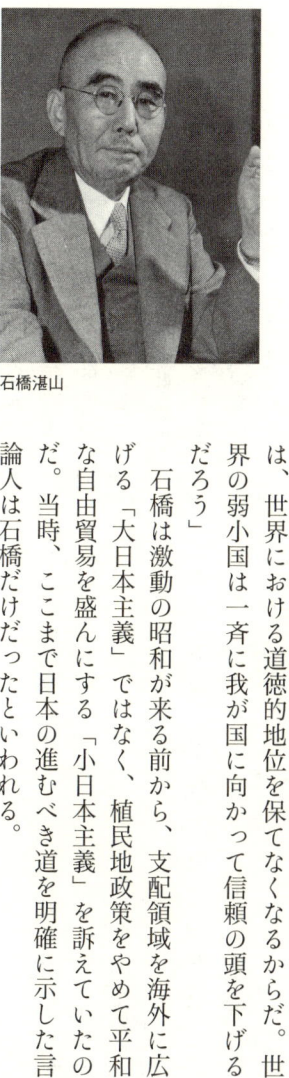

総選挙に落選するも大蔵大臣に

その後も東洋経済の中心的執筆者として活躍し、開戦直前の1941年に社長となる。石橋は戦前から政府・軍部への批判的態度を崩さず、戦時中も依然として自由主義を捨てなかった。このため軍部ににらまれて、紙やインクの配給もだいぶ減らされたが、疎開先の秋田県横手で発行を続け、45年8月、終戦を迎えた。

その翌月、石橋はGHQの経済科学局長、クレーマー大佐に招かれた。東洋経済が日本に関心を持つ欧米人向けに発行していた英文月刊誌「オリエンタル・エコノミスト」の読者だったからで、局長から「ロンドンの『エコノミスト』に次ぐ経済雑誌だ」とほめられた。

石橋は46年4月の戦後初の総選挙に立候補した。同1月のGHQからの公職追放指令で戦前戦中の多くの政治家が出馬出来なくなり、各党とも候補者が不足していた。終戦後の国難の状況に、「筆や口で論じているだけでは間に合わない。自ら政界に出て、自分の主張を取り入れてもらう必要がある」と思い立ったのだ。社会党などからも誘いを受けたが、戦時中から接触があった鳩山総裁が率いる自由党を選んだ。

しかし、言論界の大物とはいえ、世間での知名度はまだ高くなかったので落選した。だが、石橋にはその後も予期せぬことが続く。総選挙で自由党が第1党となり、鳩山が総理大臣となる直前に、GHQの指令で公職追放となった。前内閣の吉田茂外相が首相となるが、石橋は第

1次吉田内閣の蔵相に抜擢《ばってき》された。選挙に落選して重要閣僚の蔵相になるという、政界史に残る珍事となった。

吉田が石橋を蔵相に決めたのは、戦前から自由主義的な「東洋経済新報」の主宰者である石橋の見識を聞き知っており、鳩山側から石橋の推薦があったのを受け入れたことにある。GHQの経済科学局長が石橋を評価していたことも見逃せない。

緊縮財政より「積極財政」

当時、戦争が終わると必ずインフレが起きるので、緊縮財政政策を望む意見が強かった。これに対し、石橋は以前から、「戦後の日本経済で恐るべきはインフレではなく、(戦時の)生産が止まり、多量の失業者が発生するデフレ的傾向だ」と主張して、速やかに平時生産に切り換え、生産活動を活気づける「積極財政」を訴えた。

未曽有の敗戦による混乱の中で組み上がった予算案は、歳出560億円、歳入305億円。赤字255億円ではあるが、日本の復興を目指し、生産再開のための積極財政を取り入れたものだった。しかし、「石橋財政」は物価が毎日のように高くなっていく中で、「インフレ財政」だと各方面で批判された。やがて、GHQ内部でも石橋蔵相を危険視する動きが出てくる。

石橋とGHQとの対立が深刻化するのは、「戦時補償打ち切り問題」だ。戦時中、日本政府・

軍部は軍需会社や民間企業に命令、または契約の形で支払いを約束して生産などを命じ、企業の損害を補償していた。戦後の日本政府が未払い金や、徴用されて撃沈された船舶などへの補償金を出すと、GHQはインフレ激化の要因になると考え、「戦時補償100パーセント課税案」を示して、実質的に打ち切るよう日本側に指示した。

だが石橋は、この補償を打ち切れば損害をそのまま銀行に及ぼし、ひいては銀行が預金者の預金を支払い停止にする恐れもあると考えた。そして、「預金者に不安を与え、銀行を困難に陥れたら、日本の経済復興を難しくする」と反対し、4カ月もの議論を続けた。

占領下で対等な交渉が許されない中で、石橋は「一経済学者として見ると、司令部（GHQ）案はなっていない」とGHQ側に言い放つこともあった。かつて石橋を評価した経済科学局長はすでに帰国して交代しており、石橋はGHQから占領行政の抵抗者と見なされるようになる。最終的に日本側は押し切られるが、石橋は国会の全員懇談会でGHQとの交渉過程を報告して涙を流し、参加者たちを感動させた。

GHQに駐留費を削減させた「心臓大臣」

石橋は46年秋から翌春にかけ、GHQに202億円と国家予算の36％を占めていた「終戦処理費」（占領軍の日本駐留経費）と、同じ性質の進駐軍関係費の削減を要望した。日本側は初め、終戦処理費を賠償に等しい敗戦国の義務としていたが、石橋は戦後の日本にインフレを起こしているのは賠償だと指摘した。

大蔵省の調査で、進駐軍の工事は監督が行き届かず、工費が不当に高い。地方の占領軍では勝手に工事が進められ、不当の利益をむさぼっている者もあると判明。石橋は国会で、「終戦処理費が日本経済を破綻に瀕せしめようとしている」と説明し、京都付近のゴルフコースに2億円、軍居住区域の造園費に総計10億円などを要求されたと実例を報告した。そして、日本政府はGHQに注意してほしい点を列挙して提出し、その内容がGHQで大問題となった。

「司令部［GHQ］も、また、日本政府の出した右の案を慎重に検討し、そのことごとくを入れてくれた。のみならず、すでに地方で、進行中の工事でも、不急不要と認められるものは中止した。（中略）われわれの予期以上に、経費減少につとめてくれた」と石橋は回想記『湛山回想』に記している。

占領軍に一歩も引かない石橋は、強心臓の持ち主ということで「心臓大臣」と呼ばれるようになり、石橋人気がどんどん高まっていった。しかし、石橋の知らない所で、追放の動きが本格化していく。

「終戦処理費はGHQや占領軍にとって、いわば戦勝国側の特権であり、本来なら敗戦国側は口出しが許されない〝聖域〟に等しかった。湛山がその聖域を侵したことで、石橋蔵相への反発はGHQならびに地方軍政部に拡大し、湛山は反占領軍の中心的人物と見なされることになる。石橋人気がさらにGHQの石橋脅威感をあおることになった。こうしてGHQ内部で湛山追放計画が実行段階に入る」（増田氏）

一方、日本政界にも石橋人気を警戒する動きが出始めていた。

口の悪い白洲次郎もほめた

言論界出身の異色な蔵相だった石橋は、国会での財政演説を徹夜して自分で書き上げるなど、慣例を破ることも少なくなかった。主税局長の池田勇人（後に首相）を大蔵次官に抜擢する人事も行った。初めは警戒していた大蔵省の官僚たちも、終戦後の混乱で食うや食わずの国民を救うため、絶対権力を持つGHQに対して毅然たる態度を貫く大臣に信頼を寄せるようになった。

吉田茂の側近として活躍し、GHQ要人に「従順ならざる唯一の日本人」と言われたという白洲次郎がこう言っていた（前掲『昭和経済史への証言　下』）。

「あの時分に［占領期］いちばん残念に思ったのは日本人というものがほかの東洋人にはえらそうなことをいうけれども、西欧人に対してはからきしだらしがないということを痛感したことです。（中略）内閣の閣僚で欧米人に平気でものをいって、一歩も退《ひ》かなかったのは石橋湛山

（中略）ですよ。だからいまだに好きです」

口の悪い白洲が、これだけ人をほめるのは珍しい。

しかし、吉田首相は一途な石橋に、「日本は敗戦したことを忘れてはならない。進駐軍に協力してくれ」「長いものには巻かれろ」と注意した。

「湛山と吉田の二人は戦時中、共に「自由主義者の非国民」として軍部に弾圧され、戦後政治の表舞台に議席を持たない素人政治家として登場した。似たところが多い二人だが、GHQに対する両者の基本姿勢の相違が、その後の二人の明暗を分けることになる」（増田氏）

GHQによって突然、追放された鳩山一郎の代わりに首相になった当時の吉田の政治的地盤はまだ弱く、蔵相として急速に頭角を現した石橋は自由党主力の鳩山派要人として、次期総裁候補と目されていった。こうした動きに対し、吉田は46年秋頃から、インフレの進行が一向に収まらないこともあり、「石橋積極財政」に不安を持ち始めた。そして、石橋に政治的警戒心も抱き始め、翌年に入ると野党側の要求もあり、蔵相の後釜を考えるようになっていく。

軍国主義者と決めつけたいGHQ

一方、GHQでは47年3月から、ケーディス大佐を中心とした占領政策を担当するGSで石橋追放の準備が本格化していた。同2月には、GHQトップのマッカーサーが吉田首相に総選挙を指示。しかし、自由党が勝てばGHQに最も抵抗している石橋が首相となる可能性もあり、GSはそれを恐れていた。

同1月、地方、経済界、言論界を対象にした大規模な「第2次公職追放令」が公布され、言論パージが進んでいた。GSは日系アメリカ人グループを動員し、石橋が編集主幹兼社長をしていた東洋経済新報社の出版物を調査した。同社が帝国主義的編集方針を続けていたとして、石橋は公職追放規定のG項「言論、著作、行動により、好戦的国家主義や侵略の活発な主唱者」に該当すると、同3月中に早々と結論付けた。

このG項は前述したように、追放に該当するか否かを判定する時、いかようにも判断出来るあいまいな内容で、GHQが追放者の範囲を広げるため考案した。同じ敗戦国でもドイツにはなく、日本だけに適用された独特な規定だった。

その調査報告書には付記として、「インフレを進行させ、一部の産業・業者に利益をもたらした」などとして、石橋財政を批判している。占領行政に抵抗する石橋を速やかに排除したかったのが、GSの本音だ。

GSは追放について審査する日本側の「中央公職適否審査委員会」に、東洋経済新報社の調査を命じた。担当した日本側の委員は「東洋経済には戦争中の10年間にも、追放に該当するような記事が一つもない。よく自由主義を守り抜いたものだ」と驚く。そして結論は、「東洋経済新報社は当時における最もリベラルな言論を代表していた。もし同社を、その言論の故をもって追放令に該当するとするなら、当時の出版社、新聞社、雑誌社は全て同様の扱いになる」と報告したが、それは、GHQの意向とは全く正反対のものだった。

GSは怒り、日本側委員を「東洋経済を支持するなら、まず君らから追放する」と脅し、調査した小委員会を解散させた。しかし、石橋本人は「東洋経済が追放になれば、日本中の新聞、雑誌は追放になる」と平然としていた。

大きく違う湛山評価で日米が対立

同4月の衆院選で吉田と石橋は初当選したが、社会党に第1党を奪われた。政権はどのような連立内閣となるか未定で、さらに1カ月ほど吉田内閣は続いた。石橋、石井光次郎商工大臣（元朝日新聞社専務、後に衆院議長）ら3閣僚の追放が噂されるようになる。

日本側の審査委員会が改めて行った審査は、「東洋経済は言論の自由が制限された戦前戦中も毅然として自由主義的な立場を保持した。これは社長の石橋湛山個人の主義を多分に反映させたもの」として、石橋に問題ないと判定した。

だが、GSはまたしても石橋を公職追放すべきとの決定をして、強硬姿勢を崩さなかった。

そして、新憲法施行の直後の同5月5日、GSは日本側の審査委員会の事務局長らを呼び出し、同委員会が元朝日新聞社の石井商工相を追放該当としているのに、「なぜ石橋は追放でないのか」などと迫った。ＧＨＱは石橋のこれまでの言論活動について理解しておらず、戦前の言論界はみな軍部に迎合したと思い込んでいたのである。

ＧＳは翌日に日本側審査委員会の決定を却下し、同委員会に再審査を要求した。しかし、日本側はまたも「石橋は追放に該当せず」と決定した。追放をめぐって日本側がこれほどまで筋を通したケースはなく、占領期でありながら日米が対立することになった。

追放を知った湛山への吉田首相の冷たい態度

この異常事態について、日本側審査委員会は長文の意見書を作り、吉田首相に提出した。首相がＧＨＱと折衝することが期待されたが、吉田は動かなかった。そして、ホイットニー民政局長が同８日朝、吉田を訪問し、石橋の公職追放執行命令書を手渡した。

石橋はこの日昼、外務省から入手した追放の書面を見た。石橋はこの時の思いを、後日こう書き残している（『自由思想第１５８号』）。

「まさかと思っていただけに、驚きも大きかった。驚きはすぐに怒りにかわっていった。戦勝国の一方的な立場で、自分の意に従わぬ政治家を、〝追放〟という凶器で葬ってしまう占領政策――ナンダ、民主政治を説いたって。私は、激しい憤りを、それこそ全身に感じた」

「[戦争に]敗れたりといえども、こんな無茶な話を、黙っているわけにはいかない。私も一国の大蔵大臣である。（中略）直ちに車を首相官邸に走らせた」

「『総理、私の追放が決まったそうです』と告げたが、吉田さんは格別、驚いた表情もみせない。追放決定の書面を見せると、吉田さんの顔がさっと変わった。外務省から入手した書類であることを伝えると、吉田さんは追放関係の役人に電話して、『なぜあの書類を石橋君に渡したんだ』などとしかり始めた」

「聞いている私[石橋]は、ア然とした。追放決定で色をなしている当人に、一言の激励やら、善後策もいわないで、なぜ当人に教えたんだと、役人をしかりつけている。吉田さん一流の〝常識〟なので、別に他意はないだろうが、しかしこれが同じ仲間に示す態度だろうか。こんな吉田さんを相手では、ロクな善後策も得られっこない。私は見切りをつけて、早々に引揚げた」

吉田首相はなぜ動かなかったのか

なぜ首相である吉田は、ＧＨＱに対して石橋の助命に動かなかったのだろうか。増田氏はこう解説する。

「吉田が、①動いても無駄と思った、②吉田のものぐさ、③石橋が追放になっても構わないと考えた——の三つの選択肢が考えられる。吉田は親しい人の追放取消をマッカーサーに文書で要請しているので、②はない。吉田は当時、マッカーサーと個人で会話出来る唯一の日本人だったから、選択しうる措置はいくつかあり得たので、①もない。こうなると、③の可能性が濃厚だ。吉田がGHQ側に働きかけて石橋追放を誘導したのか、それともGHQ側の石橋追放の動きを十分承知しつつ、それを阻止せず、傍観したのか。吉田はGSとの気まずい関係から推して、追放の働きかけはせず、政治的ライバルになるであろう石橋を見殺しにした可能性が大きい」

多くの日本人は追放指定に泣き寝入りしたが、簡単に引き下がる石橋ではなかった。リベラリスト湛山の長い反抗が始まる。

公職追放決定を知った石橋は、「［軍国主義者という］事実に違ったことで追放されるのは、僕の良心が許さない。内閣にとっても不名誉なことだと思う。だから、このまま黙ってはいない」と吉田に告げ、蔵相を退こうとはしなかった。

その夜、石橋はGHQに対する抗議書を書き、秘書官に英訳させた。「［石橋が執筆していた］東洋経済新報が終始一貫して帝国主義と全体主義とに反対し、あらゆる戦争を拒否し、枢軸国［日独伊など］との接近の危険を叫んでいた」ことを指摘。さらに石橋は、1944年2月に日米軍が戦った太平洋のクェゼリン島（マーシャル諸島）で、26歳の次男を戦死させた悲痛な思いを記している（佐高信著『湛山除名　小日本主義の運命』）。

「［まだ戦時中の45年2月に行われた次男の追弔の会で］『私は自由主義者であるために軍部から迫害を受け、東洋経済新報も常に風前の灯だ。しかし、その私が愛児を軍隊に捧げて殺した。私は自由主義者ではあるが、国家に対する反逆者ではないからだ』と述べた。私も、死んだ子供も、戦争には反対だった。しかし、私が子供を軍隊に差し出すことを拒んだら、恐らく子供も私も刑罰に処せられ、殺されたであろう。諸君［GHQ］はそこまで私が頑張らなければ、私を戦争支持者と見なされるのであろうか」（前掲『湛山除名』）

抗議書はパージ担当のGSに届けられたが、石橋の訴えは受け入れられなかった。

大臣追放の裏側を米誌「ニューズウィーク」が暴露

47年5月16日、吉田の命令で内閣書記官長（官房長官）らが訪れ、追放を発表すると伝えたが、石橋は「同意しない」と拒否。翌17日朝、石橋が吉田の求めで会い、パージの了解を拒絶すると、吉田は「狂犬にかまれたと思ってくれ」「［GHQは石橋に対し］占領政策背反として巣鴨［プリズン＝戦犯の収容施設］に送る代わりに追放の挙に出た」などと言った。

結局、物別れとなり、政府はこの日、石橋の公職追放を発表した。その理由はGHQの決定と同じ内容だった。吉田内閣（第1次）はその数日後に総辞職して、社会党委員長首班の片山内閣が誕生した。石橋は議員資格も失い、4年余の追放となる。

石橋は追放生活に入っても内外の記者などと接触し、抵抗を続けた。占領下だったので日本国内での報道は制限されたが、米国では、石橋追放の不当性が相次いで報道されることになった。

まず、先に書いたようにマッカーサー占領政策を批判し、GHQのパージを非難するキャンペーンを同1月から行っている米誌「ニューズウィーク」が、5月26日号で「大臣追放の裏側」という記事を掲載した。パージは日本政府が行っているというのはウソで、GSが指導、命令しており、石橋追放では日本側は追放に該当しないと判定したのにGHQが覆したと暴露した。

この記事を書いたパケナム東京支局長（本章第5節に詳述）はGHQから危険分子と見なされて尾行されたり、不在中に家宅捜索されたりした。「マッカーサーに最も嫌われた男」となったパケナムはその後日本を出国（米国へ帰国）してから1年以上、GHQによって日本への再入国を許されなかった。

「マッカーサーを初めて引っぱたいた日本人」と米紙が報道

石橋は同10月、1カ月かけて長大な「公職追放に対する弁駁《べんばく》［相手の説を打ち破る］書」を

こう記した。GHQが石橋を追放決定するために使った資料に対する詳細な反論である。末尾には書いた。

「私一個の利益のために、強いて今公職追放を免れたいとは少しも考えていない。ただ私はデモクラシーのために、デモクラシーの権威のために、あえてここに訴願する次第である」

この文書の英訳文も作り、石橋は内外のジャーナリストらと会見した。外国人記者から、追放の責任者は誰かと問われると、石橋は「ホイットニー［民政局長］」と答え、マッカーサーについて問われると、「ホイットニーの上司としての責任はある」と述べた。

占領下でタブーだったGHQの、しかも最高司令官の責任を追及したから、騒ぎは大きくなった。アメリカの新聞は「マッカーサーを初めて引っぱたいた日本人」との見出しを付けて報じた。日本国内では、石橋が戦犯として処罰されると噂されたが、石橋は「逮捕されれば裁判になり、弁解の機会が与えられるから、捕まってもいい」と覚悟していた。

石橋から追放の再審査を要求された日本の公職資格訴願審査委員会は、「追放解除」を決する。しかし、GSのホイットニー局長がまたも日本側の決定を拒否した。

翌48年7月、石橋は渡米する日本人ジャーナリストに自分の追放経過などを記した英文書を託し、知人に配布するよう頼んだ。また、石橋のGHQに対する抵抗に敬服した日本の政治活動家が、石橋追放問題の意見書を、米国人記者を介して米国務長官、陸軍長官、上院外交委員長らに届けた。その内容は、「ニューヨーク・タイムズ」に掲載された。

GHQ批判の絶好な材料に

すでにワシントンでは対日占領政策が再検討されていた。同1月、ロイヤル陸軍長官の「日本をアジアの共産主義の脅威の防波堤にする」との演説が、政策転換の可能性、すなわち日本の非軍事化・民主化から、日本の経済的自立への移行を示唆していた。石橋らの果敢な行為は、マッカーサーの占領施策に懐疑的でその転換を望む米各界の重要人物にとっては、絶好の材料になった。

「石橋自身はマスコミ出身なので、言論の自由を守ろうとし、同時に世界のマスコミに自分が追放された不当性を訴えれば、必ず効果があると信じ続けたのだと思う」（増田氏）

反マッカーサーの急先鋒として政官財の米各界の橋渡しを務めたのが、本章第4節で述べた「ニューズウィーク」部長のハリー・カーンである。湛山追放を例としてGHQ、マッカーサーの占領政策を批判する手紙を国務次官らに送ったり、日米開戦時の駐日大使で日米親善に尽くしたグルーら知日派とアメリカ対日協議会を結成したりして、対日占領政策の転換を米国の内側から推進していった。

マッカーサー解任でようやく追放解除

マッカーサーは反論「占領政策批判に答う」を翌49年、日本の雑誌に載せたが、その内容はこれまでGSが作り上げた石橋・東洋経済批判の繰り返しだった。これに対し、石橋は「マッカーサー元帥に呈する書」を執筆。その結びに「『マッカーサー元帥閣下の全権の下にある被占領国の一人民としては』無実は無実として直言して、訂正を求めることが、むしろその義務であり、閣下に対して忠なるゆえんだと信じたからであります」と書いた（石橋湛山『日本経済の針路』）。

言論人らしく、どこまでも抵抗してくる「頑迷かつ戦闘的政治家」石橋を、マッカーサー率いるGHQが許すはずはなかった。朝鮮戦争が勃発（50年6月）して、警察予備隊（自衛隊の前身）創設などのため旧軍人らの追放解除が始まっても、石橋には朗報が届かなかった。

石橋が長い追放生活から解放されたのは、朝鮮戦争の方針をめぐってマッカーサーが解任され、後任の最高司令官リッジウェイが着任して2カ月後の51年6月だった。

自由党から二度の除名

石橋は4年余の追放生活から解放されるまで、表立った政治活動を行うことは出来なかった。だが、その4カ月前（同2月）、石橋は対日講和の責任者だったダレス米大統領特使の求めにより、宿泊先の帝国ホテルで密かに同じ追放中の鳩山一郎、石井光次郎と共に会った。極秘会談のきっかけは、前年6月の昭和天皇からのメッセージだった（本章第5節に詳述）。石橋たちは追放解除、そして政治の表舞台に復帰出来る日が近いことを実感したことだろう。

しかし、石橋が追放解除となった同じ月に、反吉田勢力の陣頭指揮をとるはずだった鳩山が病気で倒れた。「病身の鳩山君を総理総裁の重任に推挙するのは、［現職の］総理大臣として無責任」として、吉田はライバル不在の長期政権を続ける。石橋は翌52年10月の衆院選で議席を回復した。しかし、その直前に、鳩山を首相に推す勢力の中心にいた石橋は河野一郎と共に「反党活動」を理由に、自由党から除名を通告された。

同4月、日本は独立を回復し、GHQも公職追放令もすでに廃止となったが、自分たちに好ましくない人物を除名という形で追放する吉田たちのやり方は、GHQそっくりであり、吉田本人が最も嫌っているはずのファッショそのものだったといえる。

鳩山派は自由党から分かれたり、合同したりの変遷を経るが、吉田内閣打倒の一翼を担う石橋は、54年11月、再び自由党から除名された。石橋は同月、反吉田勢力が結集した「日本民主党」の結党に加わり、翌月、第5次吉田内閣を総辞職に追い込んだ。誕生した鳩山内閣では通産大臣を務めた。翌55年に民主、自由両党が保守合同し、自由民主党（鳩山総裁）が結成。鳩山政権は2年で退陣し、石橋は運命の時を迎える。

自民党総裁選で逆転勝利

56年12月、自民党の総裁選は岸信介、石井光次郎、そして石橋の激しい闘いとなった。奇しくも3人とも追放経験者だ。当初、10人ほどの弱小派閥の石橋は劣勢だったが、石井支持派と「2、3位連合」を成立させた。第1回投票で1位だった岸に、2位の石橋が、決戦投票では258対251の7票差で逆転勝ちした。こうして石橋は72歳で首相になった。

石橋はなぜ勝てたのか。読売新聞の政治部記者だった渡辺恒雄主筆は著書『派閥―保守党の解剖』の中でこう述べている。

「石橋派が石橋内閣が出来るまで終始十名を越えないグループを脱しなかったのは、東洋経済［新報社］に拠る石橋湛山の資金源に限界があったこと、（中略）石橋は自分の政治理念、固有の経済政策を持つ政治思想家であって、（中略）一本気で、謀略を好まず、人心収攬《しゅうらん》［うまくとらえる］の政治的テクニックに巧みでなかったこと……などがあげられる。だから［昭和］三十一年末の総裁公選で勝利したのも石橋個人の実力というよりも、多分に偶然に幸いされ、むしろ謀略家の岸や石井の持つ限界が、反射的に石橋の勝利を作り出したものといった方がよいだろう」

「政治的良心に従い」早期退陣

57年の正月早々、石橋は10カ所を回る全国遊説を行った。「五つの誓い」と掲げた綱領は、「国会運営の正常化、政官界の綱紀粛正、雇用の増大、福祉国家の建設、世界平和の確立」。さらに、宰相湛山ならでは演説が続いた。

「私は皆さんのご機嫌を伺うことはない。所信通りに進んでまいるので、皆さんのご理解とご協力をお願いする」

米国の若き大統領ケネディが「国民諸君よ、国家が皆さんのために何が出来るかを問わないで――」と就任演説する4年前のことだ。

大蔵大臣には池田勇人を起用し、「1000億円減税、1000億円施策」の積極経済政策を打ち出した。後の池田政権の「所得倍増計画」を先取りした内容が含まれている。池田は実は、石橋が自由党を除名された時の党幹事長だったこともあるが、石橋には蔵相時代に大蔵次官として抜擢した池田に対するわだかまりはなかった。

国民の期待が膨らむ一方で、高齢の石橋には真冬の寒さは厳しすぎた。母校の早稲田大学で卒業者初の総理大臣の就任祝賀会が野外の庭園で開かれたが、石橋はその2日後にカゼをこじらせて倒れた。初めは老人性肺炎とされたが、脳梗塞だった。1カ月ほど療養した後、同2月に「[今後さらに]約2カ月の静養加療を要する」と診断が出ると、石橋は総辞職を即断した。

「新内閣の首相として、もっとも重要なる予算審議に一日も出席できないことがあきらかになりました以上は首相としての進退を決すべきだと考えました。私の政治的良心に従います」(石橋書簡)

わずか2カ月ほどの短命内閣に終わったが、首相の座にしがみつかない石橋の潔さは称賛された。「政治家はかくありたい」(浅沼稲次郎・社会党書記長、当時)、「不明朗なことの多い政界に石橋の退陣ぶりはまことに鮮やかで、国民の心を打つものがある」(読売新聞)。

後任の首相には、石橋とはタイプの全く違う岸信介が任命された。

「石橋内閣がもし2年間継続していたならば、その後の日本の政治状況も大きく変わっていたであろう。歴史に「もし」が許されるならば、石橋湛山が追放された1947年当時に適用したい。湛山の「格子無き牢獄」に閉じ込められた4年余の長い喪失は、戦後日本の一つの可能性を奪われたほどの重大な意味を持った。アメリカは強引な湛山追放で、占領行政史上に汚点を残したと言わざるをえない」(増田氏)

日本の戦後史を大きく変えた公職追放を、今、語る人、知ろうとする人は極めて少ない。だが、約21万人が追放され、その家族・親族を合わせれば100万人以上が影響を受けた歴史がある。戦争の悲惨さを語り継ぐためにも、我々は「公職追放(パージ)の歴史」を容易に忘れ去っていいのだろうか。

第2章参考・引用文献

『公職追放論』（増田弘著、岩波書店、1998）
『公職追放　三大政治パージの研究』（増田弘著、東京大学出版会、1996）
『指導者追放―占領下日本政治史の一断面』（H・ベアワルド著、勁草書房、1970）
『回想十年』（吉田茂著、全4巻、東京白川書院、1982）
『占領期』（五百旗頭真著、講談社学術文庫、2007）
『内務省対占領軍』（草柳大蔵著、朝日文庫、1987）
『昭和天皇実録　昭和二十年～二十九年』（宮内庁）
『侍従長の回想』（藤田尚徳著、講談社学術文庫、2015）
『ドキュメント昭和天皇　第八巻・象徴』（田中伸尚著、緑風出版、1993）
『マッカーサー　フィリピン統治から日本占領へ』（増田弘著、中公新書、2009）
『鳩山一郎・薫日記　上巻』（中央公論新社、1999）
『私の履歴書　第7集』（日本経済新聞社、1959）
『鳩山一郎回顧録』（文藝春秋新社、1957）
『鳩山一郎とその時代』（増田弘・中島政希監修、平凡社、2021）
『市川房枝の言説と活動　年表で検証する公職追放1937-1950』（市川房枝研究会編、市川房枝記念会出版部、2008）
『闘うフェミニスト政治家　市川房枝』（進藤久美子著、岩波書店、2018）

『近代日本女性史への証言─山川菊栄／市川房枝／丸岡秀子／帯刀貞代』（「歴史評論」編集部編、ドメス出版、1979）
『湛山回想』（石橋湛山著、岩波文庫、1985）
『湛山除名　小日本主義の運命』（佐高信著、岩波現代文庫、2004）
『自由思想第158号』「今だから話そう　追放のカラクリ　見殺しにされた蔵相」（石橋湛山記念財団）
『私の履歴書　第6集』（日本経済新聞社、1958）
『政治家・石橋湛山研究　リベラル保守政治家の軌跡』（増田弘著、東洋経済新報社、2023）
『昭和経済史への証言　下』（安藤良雄編著、毎日新聞社、1966）
『風の男　白洲次郎』（青柳恵介著、新潮文庫、2000）
『占領と講和　戦後日本の出発』（北岡伸一・五百旗頭真編、星雲社、1999）
『人間であることをやめるな』「石橋湛山と言論の自由」（半藤一利著、講談社、2021）
『昭和天皇とワシントンを結んだ男　「パケナム日記」が語る日本占領』（青木冨貴子著、新潮社、2011）
『対占領軍交渉秘録　渡辺武日記』（大蔵省財政史室編、東洋経済新報社、1983）
『坂の上の雲　六』（司馬遼太郎著、文春文庫、1999）
『日本経済の針路』（石橋湛山著、東洋経済新報社、1959）
『派閥─保守党の解剖』（渡辺恒雄著、弘文堂、2014）
『早稲田大学百年史　第五巻』（早稲田大学）
『GHQと日本共産党』（公安調査庁、2002）

第3章 内閣が倒れた昭電・造船「疑獄」

政界捜査で時の政権に切り込むこともある「検察」。1945年の終戦からの10年間には、二つの内閣が「昭電疑獄」と「造船疑獄」で倒れた。この時期の政治には、この二つの疑獄が密接に絡んでいる。

1 占領下で始まった政界と特捜検察の闘い

ばらまかれた「復興マネー」

敗戦で焦土と化した国内を回り、国民を慰め励ました昭和天皇の巡幸は、終戦の翌年の1946年2月に始まった。最初の巡幸先に選ばれたのは、食糧生産に不可欠な化学肥料を作る「昭和電工」の川崎工場だ。当時は餓死者が続出する深刻な食糧不足で、日本の復興のため、食糧増産が最大の課題だった。

それから2年後の48年、この昭和電工の本社（当時は東京・赤坂）が舞台となる政界汚職事件が発覚する。政府は前年に、経済再建のため鉄鋼や石炭、肥料などの基幹産業の復興を目指して「復興金融金庫」を設け、民間企業に融資していた。この融資を獲得するため、基幹産業の各社は政界、官界に近寄った。昭電は戦前の財閥、森コンツェルンの中核企業で、公職追放された森一族の社長の後に、47年、別の化学工業会社を経営していた40代半ばの若い日野原節三社長が就任した。政界の陰の大物と言われた菅原通済の義弟（妹の夫）である。

巨額の現金をばらまいた昭電の派手な接待工作が噂となり、48年4月、衆院の不当財産取引調査特別委員会では、「復興金融金庫から17億円（現在の貨幣価値だとざっと100倍）の融資を受けた昭電が、数億円の政治献金をした」などと追及された。最初は、秦野章・捜査二課長（後に警視総監、法相）が率いる警視庁が捜査。日野原社長が同6月、贈賄容疑で逮捕された。しかし、同社長は2カ月ほど黙秘する。

難航した捜査を進展させたのは、帳簿を読むことが得意で捜査に加わった東京地検の河井信太郎検事だった。当時、検察庁にはまだ特捜部は存在していない。35歳と若かった河井検事は、復興金融金庫から計26億4000万円の融資を受けた昭電の帳簿に、1億5000万円の使途不明金があることをつかみ、日野原社長にその使い道を迫っていった。賄賂の贈り先を自白させたが、その内容は河井検事が後に「あまり事件が大きくて調べる方が驚いた」と述べるほどで、政治家100人超を含む約2000人もの事情聴取が行われた。

福井盛太検事総長は、「犯罪容疑の確信があれば首相だろうと大臣であろうと、断固として、検察独自の立場から正邪を公にして処罰するものは処罰するように努力する」と事件解明の意気込みを語った。

芦田内閣は倒れ、前首相を逮捕

当時はGHQの占領下で、政権は社会党委員長を首班とする片山哲内閣の後を継ぎ、民主、社会、協同の3党からなる中道の芦田内閣だった。芦田均首相は吉田茂元首相の9歳下の元外交官。同じ外務省出身だが、先輩の吉田に対抗し、吉田に不満を持つ議員らと民主党（後に自民党の前身となる日本民主党〈鳩山一郎総裁〉とは別）を創設して総裁となった。片山内閣では副総理格の外相として入閣。次の首相指名（48年2月）では、衆院で吉田にせり勝ち、片山の後を継いだ。

しかし、芦田内閣はスタートして間もなく、事件に巻き込まれる。昭電からの金は閣僚にも流れ、経済復興を担当する栗栖赳夫・経済安定本部総務長官に続いて、西尾末広・副総理（社会党書記長、後に民社党委員長）が同10月6日に逮捕されると、翌日、内閣は総辞職を決めた。

内閣が倒れても捜査が続く。芦田前首相本人にも、3件、計200万円の収賄容疑があったのだ。同12月6日、前首相の逮捕許諾請求が衆院本会議で可決され、東京地検は翌日、芦田を逮捕した。政権はすでに、芦田と反目した吉田茂（第2次内閣）に移っていたのである。

この事件では、官僚も福田赳夫・大蔵省主計局長（後に首相）、元農林次官らが逮捕され、政官財界の計38人が起訴された。芦田の起訴事実は首相になる前の外相時代のことだが、捜査の中心となり、芦田を取り調べた河井検事は著書『検察讀本』にこう書き残している。

「芦田さんを起訴するかどうかということが、［検察内で］非常に問題になった」「私は戦後において特に米軍の占領下にあって総理大臣を逮捕、勾留《こうりゆう》して調べて起訴するということが果たして適当か否かということについて非常に悩み、上司の意見、あるいは先輩の意見等を打診した。これだけの自白があり、事実と証拠が出てきた以上はやらなければならないだろうということが、大方の意見であったので踏み切ることにした」

東京地検に出頭する芦田均前首相・1948年12月7日（共同通信社）

検察が終戦後間もない大混乱の中で、内閣が倒れることが確実な、首相の逮捕、起訴をかなり躊躇していたことがうかがえる。

GHQの色濃い影

この疑獄にはＧＨＱの影が色濃く残っている。昭電がＧＨＱの幹部らにも相当な金品を渡していたからだ。当時、国内の実権を握っていたのはＧＨＱだから、当然のことではあった。

捜査を先行していた警視庁が、政官界への捜査が始まる直前に、ＧＨＱの指示で捜査から外され、東京地検単独の捜査となった。捜査情報が漏れる警視庁の捜査をGHQが嫌ったからという説もあるが、事件の背後に、GHQ内部の主導権争いがあったためとも言われる。

すでに何度か述べてきたが、GHQで占領政策の中心にいたのは、リベラルな姿勢で保守政権の復活を嫌った「民政局」（GS）。徹底した日本の民主化や非軍事化を進めた。片山内閣の後継として、中道の芦田内閣を民政局は支持した。

しかし、間もなくソ連によるベルリン封鎖（48年6月）など、東西冷戦が始まると、米本国が対日政策を転換し、日本の保守派を復活させ、反共の国にしようともくろむ。こうして、GHQで保守的傾向を持つ、情報・治安担当の「参謀第2部」（G2）の勢力が増してきた。

昭電事件に絡んだ収賄疑惑は、民政局の中心人物だった次長のケーディス大佐に及んでいた。高額な金品の授受、派手な接待、女性問題……。そこで、ケーディスは自分の周辺を調べていた警視庁を、事件捜査から排除するよう命じたという。ケーディスはその後、芦田逮捕の翌日に帰国した。この事件で、GHQへの疑惑は明るみに出る前に、もみ消されてしまった。

GHQ内で民政局の勢力は衰退していき、保守・吉田政権を支持する参謀第2部に主導権が移っていく。こうしたことから、事件は参謀第2部が民政局を排除し、保守内閣を成立させる陰謀だったとも言われた。日本ではその後、1993年の細川内閣誕生まで、45年間、保守政権が続くことになる。

2　無罪判決続出だったが、裁判所は検察の起訴を評価

金品の授受は認められたが……

昭電疑獄は裁判に入ると一転した。被告たちが金品を受け取っていたことは認められたが、無罪判決が続出したのである。贈収賄罪（汚職）が成立するには、①議員を含む公務員の職務に関して（職務権限）、②不正な金品だと認識しつつ（賄賂性の認識）、③贈り受け取る（金銭の授受）――の3点が全て立証されなければならない。

3件、計200万円の収賄罪に問われた芦田前首相は、金をもらって蔵相らに働きかけをしたことは認定された。しかし、その時期は首相になる前年の1947年で、外相だったので職務権限がないとして無罪になった。

当時は、他の公務員（この場合は蔵相）に職務上の不正行為をするよう、間に入って斡旋《あっせん》する収賄行為には罰則規定がなかった。芦田被告の無罪が確定した58年に刑法が改正されて、あっせん収賄罪が設けられた。その後、国会議員が同罪で逮捕される法的根拠が整った。

また、日野原節三・昭電社長から暮れのあいさつだとして現金10万円をもらった大蔵省の福

田赳夫・銀行局長（逮捕時は主計局長）も、賄賂だという認識がなかったとして、無罪になった。

大金をばらまいた昭電社長にも執行猶予

内閣を倒した疑獄事件は、相次ぐ無罪判決で竜頭蛇尾になっていく。事件の中心にいた日野原被告は、一審が懲役2年の実刑と追徴金5万円、二審は減刑され懲役1年の実刑と追徴金5万円。事件から14年が過ぎた62年の上告審で、さらに減刑となり、懲役1年、執行猶予5年が確定した。結局、これだけの大事件で実刑となる者はいなかった。

最高裁の日野原減刑の理由はこうだ。「芦田内閣の総辞職を見るに至った大事件だが、その後の推移を見ると、日野原関係の事件では、収賄罪で起訴された西尾［末広元被告。元副総理］、福田［赳夫元被告］がいずれも無罪とされ、一、二審で有罪とされた被告らもことごとく執行猶予となった。これらの事情を考慮すると、被告人日野原に対し実刑を科さなければ刑政の目的を達することが出来ないと断じがたく、刑の執行を猶予するのが相当である」。〃温情判決〃が下ったのだ。

前首相に犯罪の恐れがある行為が

一方、検察に対しては被告や弁護人から、法廷の内外で厳しい批判が飛び出した。「芦田内閣倒壊のための捜査だ」「十分な証拠もなく、有罪の確信がないのに起訴した」「政治的謀略だ」と。

結果から見ると、検察の敗北となるが、芦田被告を無罪とした一審（東京地裁）判決の中で、裁判所は注目すべき指摘をしている。少し長くなるが要約して紹介する。

「［芦田被告に無罪の言い渡しは］慎重審理を尽くしたうえ、初めて真相を把握した結果である。［贈賄被告から］100万円を受領したのは、いかに芦田被告に有利に解しても純粋な政治献金とは認めがたく、政府支払い促進に関する尽力に対する謝礼とみるべきである」

「だが職務［芦田被告は、事件当時は外相］との関連性について当事者の認識に関する証明が不十分という理由で、刑責を免れたものである。もし戦争中のように斡旋収賄行為が処罰されていたならば、犯罪と認定される恐れがある行為である」

判決はさらに踏み込んでいる。「［首相在職中の］昭和23年夏ごろから、芦田被告人の身辺は疑雲に包まれ、何らかの不正行為があるのではとの国民的疑惑を受けていた。当時の社会情勢のもとで、もし検察当局が前記のような犯罪の嫌疑十分なる事実があるにもかかわらず、これを不問に付したならば、世の疑惑はいっそう深まり、検察当局に対する不信を招き、世道人心［世の中の道徳と、人の心］に及ぼす悪影響は測りがたいものであったと思われる」

「検事が敢然［思い切って］公訴を提起して、裁判所の判断を求めたのは、公明なる態度として、むしろ賞賛さるべきものである。だから、本件起訴を政治的陰謀とする意見は、当たらざること遠いものがある［当たっていない］といわなければならない」

東京地検特捜部の誕生

検察は、事件について被告人を起訴して刑事責任を追及（刑事訴追）するか決める権限を独占する、極めて特殊な機関だ。芦田判決は、政権への国民の疑惑が深まる中、検察が独断で不起訴としないで、あえて裁判所の判断を求め、公判で大事件の真相を明らかにした姿勢を評価した。検察は、多くの国民が不信を持つ事件に関しては、犯罪の疑いがあるのなら、有罪か無罪かは別として、真相を明らかにするため起訴する積極性が求められているとも解釈できる。

戦後最初の疑獄事件は、多くの被告が政界などに復帰したが、検察も強い非難を浴びることなく終わった。

一方で、検察にとってこの昭電疑獄は、警察とは別の単独捜査が認められる機会になった。戦後の新しい刑事訴訟法の191条1項「検察官は、必要と認めるときは、自ら犯罪を捜査することができる」と、検察庁法6条の「検察官は、いかなる犯罪についても捜査をすることができる」の規定に基づき、独自捜査が可能となったのである。

この事件がきっかけとなり、翌49年5月、東京地検特捜部が誕生した。河井検事ら捜査を担当した検事と、戦後の混乱で隠されていた旧陸海軍や政府の物資に関する事件を担当する隠退蔵事件捜査部（2年前に設置）、さらに全国から選ばれた検事らが合体して、文字通りの「特別捜査部」が設置された。

東京地検特捜部が陣容を整え、政権と全面対決するのは、昭電疑獄の捜査から6年後の「造船疑獄」である。

3　吉田茂・長期政権と検察の対決始まる

吉田学校の佐藤、池田が長期政権の両輪に

終戦の翌年（1946年）に第1次内閣を率いた自由党の吉田茂は、総選挙で社会党に第1党を奪われ、1年で首相の座を降りた。その後、片山内閣を継いだ芦田内閣が、昭電疑獄で瓦《が》解《かい》すると、吉田が返り咲き、第2次内閣を組織。官房長官には運輸次官を辞めたばかりで、まだ国会議員になっていない47歳の佐藤栄作（後に首相）が抜擢された。

佐藤は吉田が後進を育てた「吉田学校」の門下生で、翌49年の選挙で衆院議員に初当選。50年には政権党・自由党の幹事長となり、その後、閣僚を経て、53年から再び幹事長として第4

池田勇人

佐藤栄作

次、第5次吉田政権を支えていた。

「吉田学校」のもう一人の〝優等生〟、池田勇人（後に首相）は大蔵次官で退官し、佐藤と同じ49年の衆院選に出馬。当選していきなり蔵相となった。51年、占領の終結と主権回復が認められた「サンフランシスコ講和条約」の調印式に吉田に同行。その後、国会での問題発言で不信任案が可決され、閣僚を辞任したが、53年に党三役の政調会長に就任。佐藤と共に自由党の吉田長期政権を支える両輪となっていった。

一方、芦田前首相が昭電疑獄で逮捕されて空白となった民主党の総裁は、犬養健《いぬかいたける》が継いだ。白樺派の作家で、父は戦前の海軍青年将校らのクーデター「五・一五事件」で射殺された犬養毅首相だ。犬養健は保守連携を進め、51年に吉田の自由党に入党。このことも認められて、52年の第4次吉田内閣で法務大臣として初入閣し、第5次内閣でも留任した。

「S二〇〇」「I三〇〇」の暗号メモ

造船疑獄は53年8月、有名な高利貸、森脇将光が「手形などが盗まれた」と東京地検特捜部に告訴したことから始まる。被害届の中に、当時、一流の海運会社だった「山下汽船」(その後、合併を繰り返して商船三井に)が振り出した1000万円の手形が3枚もあることに、河井信太郎検事は疑問を抱いた。昭電疑獄の捜査で活躍し、今回の事件で中心に立つ主任検事となる。

「こういう会社なら、資金がなければメインバンクが資金手当てをするはずだ。その銀行が面倒を見ないような手形が振り出されているということは、重役が悪いことをしているか、会社が倒産寸前か、または表に出せない、なにか必要な金ではないか」と河井主任検事はにらんだ。

まだ、大きな事件に発展するとの確証はなかったが、翌54年の正月明けから山下汽船などの家宅捜査を続ける。すると、社長室の金庫などから、横田愛三郎社長がつけていた暗号メモや、日記帳が見つかった。

「S二〇〇」「I三〇〇」などと書かれた暗号メモを、特捜部は政治家のイニシャルと政治献金の額だと見破った。さらに数年分の社長の日記が、捜査陣を驚かせる。

「何日に誰大臣に会って、どういうことを頼んだ」「わが社は今度、二隻割り当てがあるのか一隻か、心配だ。外からの割り込みも大変だから大いに馬力をかけてやらなければ、また○［金と見られる］がいるだろう」。贈収賄事件（汚職）を想像させる生々しい内容が、詳細に書かれていたのだ。

徹底捜査を行うと、特捜部は決断する。船会社の幹部を次々と呼んで調べたら、多くの会社が山下汽船と同じように、国会議員や大臣に運動していたことが分かってきた。

船会社の利子負担を半分にする法律成立

今回の事件も、構造は「復興マネー」がばらまかれた昭電疑獄と酷似していた。2年前（1952年）に日本は独立を回復したとはいえ、まだ敗戦の傷跡は残り、戦争で壊滅した基幹産業の再建が急がれていた。多くの船舶を失った海運業界もその一つで、政府は「海運ニッポン」の再建を目指し、計画造船を進めていた。

終戦後、政府は復興金融金庫を設けて、基幹産業の民間会社に融資していたが、昭電疑獄で贈収賄や政治献金に融資金が不正使用されたため、復興金融金庫は縮小された。代わって出来たのが「見返資金特別会計」。これは戦後の食糧不足で、米国から無償でもらった小麦粉、缶詰など大量の援助物資を民間会社に有償で払い下げ、その代金を積み立てたもので、基幹産業の再建に使われた。

船舶業界のこの特別会計では、49年に始まった外航用大型船建造の第5次計画造船へ、低利の融資が行われた。3年間据え置き、13年払い、金利6分5厘という好条件だった。53年の第9次計画造船まで290隻の船が建造されたが、融資総額は1890億円に上った。海運業者は建造船割り当ての獲得合戦を展開し、吉田内閣の閣僚や国会議員の力を借りる会社も出てきたのは、特捜部が入手したあの「社長日記」の通りだったのである。

朝鮮戦争の特需で海運業界は息を吹き返したが、3年後の53年に休戦となると不況に陥った。すると、船会社の集まりである「船主協会」が、融資の利子を半分にまけてもらおうと画策した。船会社が負担すべき金利の半分を国民の税金で払ってもらおうという手前勝手な計画だ。ところが、船主協会が望んだ「外航船舶建造融資利子補給法」の改正法がわずか2日間の審議で衆院を可決通過し、同8月、国会閉会の間際に参院で可決され、成立した。

首相の吉田茂は後に、「造船利子補給制度そのものは、戦争で壊滅したわが国商船隊の再建を促進し、国際貸借の改善に貢献する適切な措置であって、当時の沈滞せる海運市況の実情からしても、また造船不振による人員整理の脅威のあった事実に鑑みても、緊急止むを得ない国策的立法であったと信ずる」と回想録『回想十年　第1巻』で述べている。

船主協会から政権党に2000万円

だが、この法律の成立こそ、造船疑獄の核心になっていく。政権党の自由党に船主協会から2000万円が渡っていたのだ。同法によって船会社が免れる利子総額は年約33億円に上り、業界にとって2000万円は十分に元が取れる額ではある。しかしながら、それが法案成立の報酬であれば政界汚職となるのは間違いない。

特捜部は最初の家宅捜査の翌週（54年1月15日）に、あの「社長日記」の主で、暗号メモの「S」と「I」が誰であるかを知る山下汽船の横田社長を、会社に損害を与えた特別背任容疑で逮捕。翌日には船主協会を捜索し、事件は不気味に拡大の様相を見せてくる。

4　検察を止められない法相に怒る政権党

国会議員の逮捕始まる

54年の正月明けから始まった捜査で、船舶会社が外航船舶の建造を発注すると、造船会社から建造代金の1％程度がリベートとして船舶会社に戻される慣例が業界にあることが分かった。これを裏金にして、政治家らへのヤミ献金などが横行していたのだ。

特捜部は政官界への工作を記した「社長日記」の社長らの逮捕に続き、海運、造船会社社長から、計画造船の割り当てに便宜を図るよう頼まれ、料亭などで現金を受け取っていた運輸省官房長を1月25日に逮捕した。

この疑獄事件の主役の一人となる佐藤栄作・自由党幹事長は、1月26日の日記にこう書いた（『佐藤榮作日記　第一巻』から。以下「佐藤日記」）。

「［党の総務会終了後］池田［勇人・自由党政調会長］君等と近時の造船問題の報告交換を為す。仲々の難問題にして之が取り扱いは誠にむつかしい。政界の為、国際信用、内政の面からしても、心から発展しない事を祈念する」

緒方竹虎

佐藤の願いに反し、事件捜査は大きく進展していく。検察は2月16日、自由党の副幹事長に対して、国会開会中のため、所属していた衆院に逮捕許諾請求をし、同24日に逮捕。政治家逮捕の第1号となった。

2月15日の「佐藤日記」。「［逮捕される副幹事長の］身辺危うしとの事。犬養［法相］、緒方［竹虎副総理］氏等と対策を協議するも、犬養頼りにならず」。この頃から、検察の捜査を止められない犬養法相に対し、佐藤はいら立ち、強い不信感を抱く。日記には犬養に対し、遠慮のない厳しい言葉が続出する。

料亭懇談の出席者メモ「発表すれば内閣つぶれる」

同19日の衆院決算委員会で、この疑獄事件摘発のきっかけを作った高利貸の森脇が参考人として、「造船融資について、現職大臣を含む政財界の要人が料亭で懇談した。その出席者のメモを決算委員長に提出した」と爆弾証言。この森脇メモを見た決算委員長が、「これを発表すれば、今日にも吉田内閣はつぶれる」と叫び、事件は広く国民に注目されることになる。

3月には、海運・造船業界の実力者だった俣野健輔・飯野海運社長が逮捕された。俣野社長は、疑獄の核心である「外航船船建造融資利子補給法」の改正法（大型船建造で船会社が負担すべき融資の利子が、この法律で半減された）成立のため、政界工作で動いた中心人物だ。取り調べでつかんだ点を、河井主任検事は前掲『検察讀本』に書き残している。要約して紹介する。

「船会社が自由党幹事長のS氏の所へ依頼に行ったら、『よろしい、［船会社の利子が半減される］法律案を党でまとめてやろう。その代わり、この前の総選挙で党に2000万円の借金が残っているから、その2000万円を持って来い』と［S氏が］要求した」

「船会社の集まりである船主協会が、利息を半分にまけてもらうと、いくら金利負担が軽くなるか計算している。2000万円は安いものだとして、S幹事長に現金で差し出すと、『じゃ、よろしい、やってやろう』ということになった。そんな勝手な話はない。私は、S氏を逮捕すべきと言った」

佐藤は3月10日の日記にこう書いている。「［捜査をしている地検に任意出頭した議員から経過を聞いた後、同席していた犬養法相に］小生の件は此の際なら政界に与える影響大なるにつき、今暫らく時を貸せられ度しと申し入れするも、犬養君の意向は誠に頼りなき感なり」

佐藤は前日の新聞に、自分が検察の捜査目標になっていると報道されたこともあり、自分への捜査を待ってほしいと犬養法相に頼んだ。しかし、検察を止める自信のない法相が明言を避けたようだ。犬養はそれまでの検察の捜査方針を認めており、事件の拡大を望まない党・内閣と、捜査を進めたい検察との板ばさみになって苦しんでいく。

自由党の金庫番逮捕に怒る吉田首相

4月に入ると、検察と政界の動きはいっそうあわただしくなる。同2日、特捜部は5回目の一斉捜索を行い、造船工業会の副会長で、石川島重工の土光敏夫社長らを逮捕。自由党の国会議員3人も相次いで逮捕された。

4月5日の「佐藤日記」。「犬養法相、［衆院議員2名の］逮捕許諾請求の件を連絡し来る。

小生大いに不満の意を伝える。犬養君あわてたる如きも手の施す術なく――」。少数与党（衆院466議席中、自由党199議席）の政権党を預かる幹事長として、佐藤は自党議員の逮捕を止めない法相に怒りをぶつけた。

特捜部は同10日、自由党の本体に切り込む。党本部の会計責任者、つまり金庫番を収賄幇助《ほうじょ》［手助け］の疑いで逮捕したのだ。一向に手を緩めず、本丸に向かってきた検察に対し、吉田首相も怒った。

4月11日の「佐藤日記」。「［首相と昼食を共にし］その際、党情を詳細報告して首相の断を求む。［党会計責任者］逮捕の件につきては、首相も重大決意をせるものの如く、犬養を叱咤《しった》する［大声でしかる］の言あり」。こうして犬養法相の進退は党内問題となった。

いよいよ特捜部の最終目標は、海運会社社長が書いた暗号メモ「S二〇〇」「I三〇〇」の二人、政権党の佐藤幹事長と池田政調会長に絞られた。海運会社数社から金をもらったという池田は、2月末から特捜部の事情聴取を受けていた。ただ、金銭授受の時期が訪米直前で、餞別だとの見方もあるため、池田への捜査は後回しとなった。

佐藤は4月12日、河井主任検事から翌日の任意出頭を命じられた。この情報は報道陣に漏れ、佐藤は囲まれて、指定された検事正官舎には行けず、事情聴取は1日遅れで、14日昼過ぎから翌朝まで、徹夜で行われた。

「佐藤日記」4月14日。「河井検事の取調べを受く。海運助成法案［事件の核心である外航船舶建造融資利子補給法の改正法］制定当時の模様、保野［飯野海運社長］、横田［山下汽船社長］、土光［石川島重工社長］等との関係。次に此等の諸君との金銭授受。

特に保野君から貰った昨年秋の二〇〇万円の受領当時の模様につきては、保野君から政治資金に困るだろう、此処に二〇〇万円あるので御使い下さいと云うので、謝礼をのべてもち帰った。また党寄附の船主協会と造船工業会のものは単純な政治資金寄附で法案とは関係なしと明記さる」

全て合法な政治献金だとする佐藤の供述は、特捜検事を納得させるものではなかった。このためか、佐藤は同17日、東京地検の馬場義続《よしつぐ》検事正（後に検事総長）に再度の取り調べを望む上申書を送り、その日の夜、2回目の河井主任検事による事情聴取を受けた。佐藤はその前に国会内で緒方副総理や池田政調会長らと会い、自分が逮捕要求された時の内閣改造問題について話し合った。

「佐藤日記」4月17日。「この際［佐藤逮捕後の内閣改造］、犬養［法相］を整理して法曹界から大臣を登用し――」。佐藤はついに犬養更迭を提案した。だが、佐藤が恐れる内閣総辞職論も出たので、結論は持ち越しになった。佐藤はこの日の日記に、取り調べの前に、自分の主任弁護人となる松阪広政弁護士と会ったことを記している。松阪は戦中期に検事総長を務め、続いて小磯国昭内閣、鈴木貫太郎内閣で司法大臣を務めた法曹界の大物だ。

「私は出来ない」と犬養法相が辞意表明

犬養は翌18日、緒方副総理に辞意を表明した。緒方から命じられたことに対して、「私は出来ないので法相を辞める」という犬養の意思表示で、まだ正式の辞任ではない。この頃の吉田首相は病気がちで、神奈川県・大磯の私邸にいることが多く、内閣は副総理の緒方が実質的に仕切っていた。

緒方が犬養に命じたことこそ、検察による佐藤幹事長の逮捕を認めず、先延ばしするよう、検事総長に指示することだ。検察庁法14条但《ただ》し書きの、「[法務大臣は]個々の事件の取調又は処分については、検事総長のみを指揮することができる」に基づく「指揮権の発動」である。だが、法相が抵抗している限り、それは出来ない。

一方、検察側は佐藤藤佐《とうすけ》検事総長を中心に、東京高検検事長、地検検事正、主任検事、法務省幹部らが出席した「検察首脳会議」を17、19、20日と続けて開いた。馬場検事正、河井主任検事は「まず佐藤を逮捕すべき。その後に池田を逮捕。証拠は完全にそろっている」と強気に主張した。

5　政権の指示で法相がついに指揮権発動

吉田首相に異を唱えた佐藤幹事長

4月19日、佐藤検事総長は2回、犬養法相に佐藤栄作・自由党幹事長の逮捕を許可するよう求めた。捜査の大詰めを迎えていた検察としては、幹事長逮捕が日延べされると、贈収賄事件（汚職）の贈賄側となる海運・造船会社社長らの勾留期限が切れて、釈放されてしまうからだ。物的証拠の少ない贈収賄事件では、贈収賄の両方を同時に拘束して取り調べたかった。しかし、犬養法相は検察の方針を認めなかった。

吉田首相はこの日、自由党内から更迭論も出ている犬養法相の続投を決めた。だが、検察を止められない法相にいら立っていた佐藤幹事長は、恩師の首相に異を唱えた。

「佐藤日記」4月19日。「［犬養法相がとどまる決定をした吉田首相に］余は断固反対して、此の際犬養を馘首《かくしゅ》［首を切り落とすこと、転じて、免職］すべしと論ず。すでに［犬養が］辞表を副総理まで提出しているから、留任させる事の不可を、その人格からして縷々《るる》説明す。しかし結局は老首相の胸中も察し、遂に此の案［法相残留］を呑む。しかし必ずや臍《ほぞ》をかむ事あり。夕刊その他［ニュース］にて新幹事長等の下馬評あり。断固［佐藤幹事長自身が］辞任の意なき事を発表す」

犬養法相はこの日の夜、記者たちに、幹事長逮捕の結論が持ち越しになったのは、「法律上の問題があるからだ」と語っている。この事件の核心である、大型船建造で船会社が負担すべき融資の利子が半減された「外航船舶建造融資利子補給法」の改正法成立に関し、佐藤幹事長の容疑は「第三者収賄」という特殊で、法律上の解釈が難しい罪名だった。これは公務員が賄賂を直接受け取らず、自分と関係のある第三者に提供させるものだ。

船主協会と造船工業会から佐藤幹事長への2000万円は、自由党に入っているので、この容疑となった。これを佐藤幹事長から見れば、2000万円を自分の懐に入れたのではなく、党のための金を集めただけだと解釈出来る。だから、佐藤幹事長は自分が辞める必要はない、検察の誤った捜査を止められない法相はけしからんと、強気でいられたのである。

「前夜」遅くに覚悟を決めた犬養法相

翌20日朝、吉田首相、緒方副総理、犬養法相の三者会談が行われた。一方、佐藤検事総長は3回目の検察首脳会議を開き、その前後に3回法相に会って、自由党幹事長の逮捕を認める指示を求めた（請訓《せいくん》）。だが、法相は最後まで認めなかった。

犬養法相はこの日、緒方副総理と何度も会談を重ねている。指揮権発動の当事者になることを渋る法相に対し、緒方副総理は吉田内閣の閣僚であることを自覚し、佐藤幹事長逮捕で内閣崩壊の事態を招かないよう、厳しく説得を続けた。法相は深夜、ようやく覚悟を決めた。

佐藤幹事長はこうした指揮権発動前夜の動き、特に煮え切らない法相を苦々しく見ていた。4月20日の「佐藤日記」。

検察が自身の逮捕許諾を求める中、首相官邸を出る佐藤栄作幹事長(中央)・1954年4月20日(読売新聞社)

「[午後3時に吉田首相と会談後]緒方氏[副総理]に報告せんとしたところ、犬養と会談中。なお決せざる様子。誠にもってのほか故、犬養退席後、あらためてその人となりを説き、此の際初志通り断固一刻も早く命令を出すべき事を進言する。緒方氏もその積りの様子につき、余[佐藤]安心して辞せしところ、[夜の]八時半すぎから十一時迄かかって漸《よう》く《や》最終的断を見る。誠に優柔不断、残念至極」

「ゾルゲ事件」で摘発された過去

佐藤幹事長は吉田首相と緒方副総理に、犬養法相の人柄を語ってまで辞めさせるべきだと言っていた。犬養法相にはこんなことがあった。

開戦直前の1941年に摘発された大規模な国際スパイ「ゾルゲ事件」で取り調べを受け、起訴されたのだ。当時、衆院議員だった犬養は、ゾルゲ諜報団の日本人グループの中心人物で、知人の尾崎秀実（元朝日新聞記者。死刑）に、国情の秘密事項を漏らしたことで国防保安法違反などに問われた。犬養は、尾崎がソ連のスパイ、ゾルゲと通じていたことを知らなかったこともあり無罪となった。こうした過去を持つ犬養は、保守本流の佐藤とは相いれないタイプの人だったのだろう。

「重要法案成立は事件捜査よりも重要」

運命の日、4月21日となった。朝刊が指揮権発動となることを伝えていた。早朝、首相公邸で吉田首相、緒方副総理、佐藤幹事長らが朝食をとりながら、最終的な協議を行った。犬養法相は辞めさせないで内閣改造はせず、内閣不信任案が出ても、その成否に党の命運をかけることなどを決めた。前例のない指揮権発動で起きる混乱に対して、政府・政権党の覚悟を確認した。

犬養法相は昼頃、佐藤検事総長を呼び、佐藤幹事長逮捕をしばらく延期するよう書面で指示した。史上初めての指揮権が発動されたのだ。

この時の法相と検事総長の言動を、元共同通信の法曹記者、渡邉文幸氏の著書『指揮権発動』から要約して紹介する。

犬養法相は直ちに記者会見した。

「事件の法律的性格と重要法案の審議の状況に鑑み、特殊例外的なものとして、国際的、国家的重要法案の通過の見通しを得るまで暫時［検事総長からの佐藤幹事長に対する］逮捕請求を見合わせ、任意捜査を継続するよう指示した」

取り囲んだ記者の質問に、犬養法相はこう答えた。

「［逮捕の延期は］重要法案成立までで、その時期は内閣と相談して決める」

「重要法案の成立が、この事件捜査よりも内閣の重要任務だと考える」

「政党内閣の下では、重要法案［教育、防衛関係］を通過させるため、幹事長の逮捕は例外的に延ばすべきだ」

「検察陣の士気にも影響し遺憾」と検事総長

これに対し、佐藤検事総長は、「前例のなかった法務大臣の権限の発動なので、今後、検察陣が捜査を続けるのに相当困難を来たすと考えられる。検察陣の士気にも影響することを考えると、［指揮権の］発動は誠に遺憾に思う。しかし、刑事訴訟法で許された手続きや方法を活

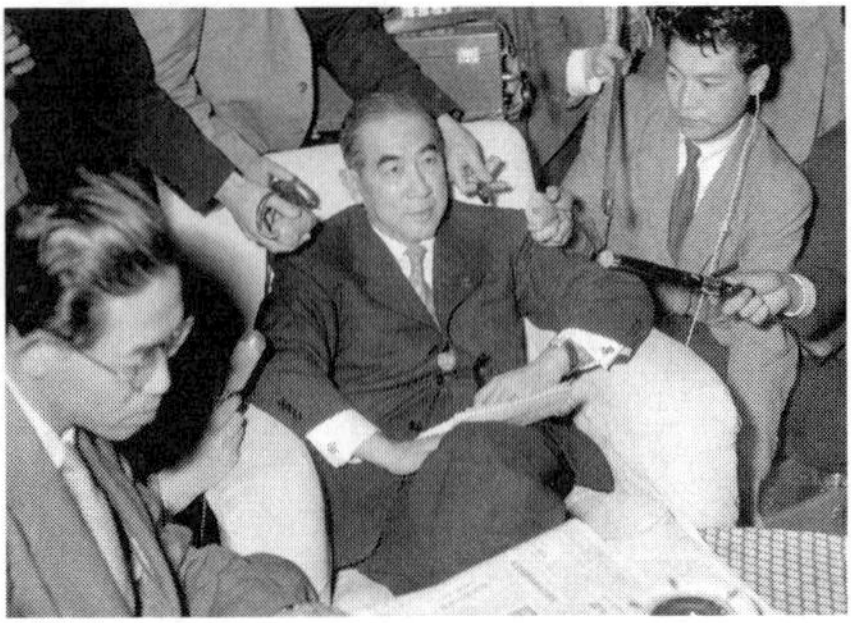

指揮権を発動した犬養健法相（中央）・1954年4月21日（共同通信社）

用して捜査陣を督励し、所期の目的を果たしたい」と談話を発表した。

また、検事総長は記者たちに、登山にたとえて、「[登頂間近の]八、九合目あたりで急に障害にぶつかったようなもので、これからは回り道をしながらよじ登らねばならない」と語った。

逮捕された海運・造船会社の社長らの取り調べが行われていた東京拘置所では、指揮権発動を聞いた特捜検事たちが無言のまま、ぼうぜんとした様子で、畳敷きの休憩室に集まってきた。この事件の「最大の人物」逮捕を目前にしていただけに、現場の担当者らのショックは大きかった。夜に入って馬場検事正が来て、真相究明のため懸命な捜査を続けていた検事たちに、涙を浮かべて頭を下げた。

「[この場の]一同は、無念の思いをこらえ切れない一方、一度に疲れが出て、ゆっくり寝たい、風呂へ入りたいの一心で、早々にして三三五五帰途を急いだのであった」。特捜部の検事として捜査に加わった伊藤栄樹・元検事総長は著書『秋霜烈日』で、こう書いている。

検察の取り調べは中断され、捜査はこうして頓挫した。検察捜査を押しつぶした指揮権は、先に書いたように検察庁法14条但し書き「[法務大臣は]個々の事件の取調又は処分については、検事総長のみを指揮することができる」に基づく、検察庁法の中で最も特異で難解な規定だ。

司法権と密接な関係にある「検察権」は三権分立の行政権に属し、内閣が責任を負う。法相は、事件の捜査や起訴するかの処分について、一線の検察官を直接指揮出来ないが、検事総長を指揮して全検察を動かすことが出来るのが、この指揮権だ。だが、内閣が党利党略で、自分たちを守るために行使されるべきものではない。

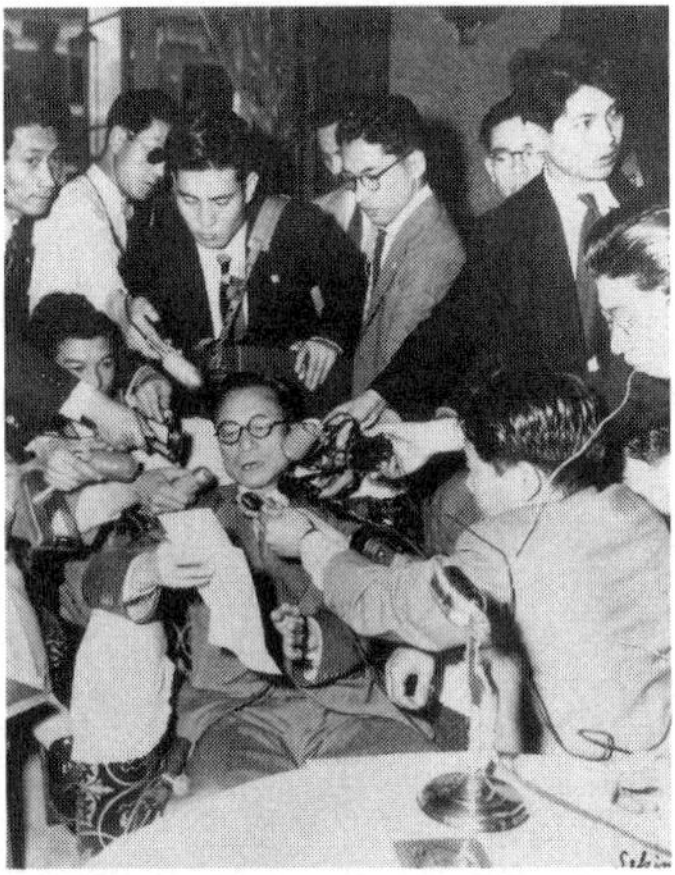

法相の指揮権発動を発表する佐藤藤佐検事総長・1954年4月21日(毎日新聞社)

犬養法相は翌日に辞任

犬養法相はこの日、記者会見を終えると、午後2時過ぎ、緒方副総理に辞表を提出した。指揮権発動の当事者になったことに動揺し、辞めると言ってきた法相に対し、副総理は大声で叱った。「きみは国務大臣であろうが」。法務大臣と呼ばず、国のために務める国務大臣と言った。

法相に辞められると、内閣が犬養に無理強いしたことが明らかとなる。吉田首相は慰留して、明朝、回答することにした。しかし、犬養は辞表を撤回せず、22日、内閣を去った。

政府が指揮権を使えば検察捜査をつぶせるが、大臣のクビも飛ぶという先例となり、それ以後、指揮権が発動されたことはない。

6　指揮権発動から8カ月、長期政権に幕

「内閣に警告する決議」が賛成多数で可決

指揮権発動は直ちに政治問題化して、長期政権がぐらぐらと大きく揺れ始めた。指揮権発動の翌日、参院本会議で緊急質問が出され、野党側は口を極めて政府を追及した。

「[指揮権発動を法相に命じた] 吉田君 [首相] はもはやこの正規の常識というものを失われたのである。(中略) 吉田君は、この議場において、正気であるか乱心しておるかということを表明せられたい」

首相も負けずに反論する。

「検察庁に対してなした指揮権が、暴力なりと言われますが、これは法律 [検察庁法] におい

て明らかに規定しておるところであって、（中略）法に従って指揮権を発動いたしたのであります」「私は、政府に対する国民の信頼はいまだ去らずと考えますから」と進退を検討する考えがないことを明言した。

翌23日には、参院本会議で「指揮権発動に関し内閣に警告するの決議案」が賛成多数で可決された。「［今回の指揮権発動は検察庁法14条の］不当な運用と認める。（中略）捜査を困難ならしめ、ひいては国民の疑惑を深め政治の信用を失墜せしめることとなる。（中略）政府は、過ちを改め速やかに善後の措置をとるべきである」。政府に厳しく反省を迫る内容だ。

当時の国会勢力は、前年の「バカヤロー解散」（吉田首相が国会で質問した議員に「バカヤロー」と発言したことが発端で衆院解散となった）で、吉田の自由党が大きく議席を減らし、少数与党に。鳩山一郎率いる分党派自由党や、保守系の改進党（重光葵総裁）の協力を得て国会運営を進めてきた。だが、鳩山も改進党も反吉田のため、議席を伸ばしてきた左派、右派社会党（当時、社会党はサンフランシスコ講和条約などをめぐって左右に分裂していた）と組めば、いつでも政権が倒れる不安定な状態だった。

勢いに乗った野党側は同24日、吉田内閣不信任案を提出。しかし、不信任案賛成の改進党から採決欠席する24人の造反者が出て、２２８対２０８で否決された。保守合同で自民党が結成される1年前のことで、保守系議員は新党結成問題で揺れていた。内閣はこうして首の皮一枚でつながる。

佐藤幹事長を政治資金規正法違反で起訴

一方、汚職事件の捜査は指揮権発動の後、贈賄側の政界工作の中心にいた海運・造船業界の実力者、俣野健輔・飯野海運社長ら、会社幹部が次々と保釈となり、終息する。しかし、汚職捜査をつぶされた検察は最後の意地を見せ、佐藤幹事長を同28日から3回、取り調べた。

佐藤幹事長が船主協会と造船工業会から自由党宛てに受け取った2000万円が、党の会計帳簿に記載されていなかったので、政治資金規正法違反の立件を目指したのだ。

「佐藤日記」4月28日。「夕五時半から河井検事の取調べを受く。相当こまかく長時間［午後11時頃まで］にわたり訊問あり。［先に逮捕された自由党本部の］会計が自白せしという二重帳簿は、当方に全然覚えなし、かかる帳簿のありし事も知らずと断言しおく」。党の会計責任者が自白した二重帳簿を幹事長が強く否定出来たのは、すでに証拠隠滅があったからだという見方もあるという。

同6月15日に国会が閉会となり、犬養法相の後任の加藤鐐五郎法相（後に衆院議長）は、佐藤幹事長の逮捕延期指示は自然消滅したと佐藤検事総長に通知した。これに対し検事総長は翌16日に、「被疑者逮捕の時機を逸した現段階においては、佐藤［栄作］氏を今更逮捕しても起訴するに足る証拠集めが望めない」と異例の談話を発表。

だが、検察は同日、佐藤幹事長を政治資金規正法違反で起訴し、一矢を報いた。これを受けて、佐藤は幹事長の辞表を提出した。1カ月前の朝日新聞の世論調査で、吉田内閣の支持率は前年より4ポイント減って23％、不支持が12ポイント増えて48％となり、国民の信頼を失ったのは明らかだった。佐藤はその要因となった事件のけじめをつけた。ただ、自分は私腹を肥やしたのではなく、党のために働いた、という思いは捨てなかった。

佐藤検事総長は7月30日、7カ月に及んだ造船疑獄事件の捜査終結宣言を行った。71人を逮捕して、34人を起訴。造船会社から海運会社に流れたリベートは2億6000万円、うち政官界に流れたのは1億4000万円。佐藤幹事長の次のターゲットだった池田勇人政調会長や、土光敏夫・石川島重工社長らは不起訴となった。

20日間の牢獄生活を送った土光敏夫社長

経団連会長や、第二次臨時行政調査会（臨調）、臨時行政改革推進審議会（行革審）の会長を務めた土光氏（当時57歳）は、後に『私の履歴書』に、この事件の体験を記している。

「私は、造船会社社長の一人として逮捕され、拘置生活二十日間のうき目にあった。（中略）二十日間の牢獄のなかで改めて教訓を得た。「人生には予期せぬ落とし穴がついて回る。公私を

伊藤栄樹（共同通信社）

土光敏夫

峻別して、つねに身ぎれいにし、しっかりした生き方をしておかねばならない」ということである。

結局は「関係なし」になったわけだが、拘置生活は、私にとって多忙から離れた久々の休養となり、牢獄からながめた青い月が妙に美しかったことを覚えている」

この土光氏の取り調べを担当したのが、当時29歳の若き伊藤栄樹検事だった。伊藤氏は著書『秋霜烈日』の初めに、「造船疑獄事件1　土光さんのこと」と題して、寒い東京拘置所の調べ室でのことを書いている。

「［土光氏は］調べ室の入り口で襟巻《えりま》きをとり、机の前に姿勢を正して対座して、質問を待つのであった。質問に対しても、毅然《きぜん》として迎合せず、必要なことは的確に述べる。まことに立派な被疑者であった」

検察に取り調べられた池田政調会長が幹事長に

話を戻すが、事件の捜査終結宣言の4日前、自由党三役の人事が決定した。佐藤の後任幹事長には池田が就任したが、この人事には党内がざわついた。疑獄事件の直後に、結果として無傷だったとはいえ、検察に何度も取り調べられた池田を幹事長に据えたからだ。この時になお「吉田学校」の優等生を重んじるワンマン首相の考えは、世間の感覚と相当かけ離れたものになっていた。

そして同8月、自由党支部長会議での吉田首相の発言がまた問題となる。造船疑獄と指揮権発動について語る中で、幹事長を逮捕しようとした検察捜査を批判しながら、「新聞その他で面白半分に流説しているものがあるが、政府としては流言飛語［根拠のない情報、デマのこと］を考慮せず、法律の命ずるところによって指揮権を発動したのである」（前掲『指揮権発動』）と述べた。これが、「疑獄は流言飛語」と首相が言ったと報道された。

「疑獄は流言飛語」であったかの真偽を確認するため、国会（衆院決算委員会）に9月から検事総長、東京地検検事正、主任検事が証人喚問された。今では政界捜査をする検察官が国会に喚問されることはないが、当時は珍しいことではなかった。

佐藤検事総長は首相の「流言飛語」発言について聞かれると、「［検察が］流言飛語やうわさに基づいて捜査を進めることはない。そういう批判があるとすれば、全く我々の仕事を理解しない人の言葉で、とんでもない誹謗と感ずる」と答えた。

また、議員から「［道理に合わない］指揮権の行使に対し、なぜあなたは断固として法相と闘わなかったのか」「職を賭しても、法相をいさめるべきではなかったか」などと詰め寄られた。これに対し検事総長は、「検察庁法に指揮権の規定がある現在の制度のもとでは、その発動は違法とは考えていない。しかし、『指揮権を今、発動されるのは妥当ではない』と極力、法相に進言したが、とうとう押し切られた」と説明した。

さらに検事総長は検察のあり方について、「国民の納得の行く検察でなければならぬ。そのために検察はなるべく国民に理解していただいて仕事をし、国民の信頼を得る」と述べた。

鳩山、岸ら反吉田勢力が新党結成

衆院は問題発言の本人、吉田首相の証人喚問を決めたが、外遊準備を理由に拒否。混迷する国政を無視するかのように、吉田は同26日、欧米7カ国歴訪に出発した。この日に、死者・行方不明者あわせて1155人となった日本海難史上最悪の青函連絡船「洞爺丸事故」が起きたが、外遊は続けられた。

なんと53日間の長旅で、当初は幹事長だった佐藤も同行の予定だったが、事件の後なので遠慮して、途中のパリから首相一行に合流した。日本を長期間離れ、国政を放り出したと批判された吉田は、11月17日に帰国すると、追い詰められていく。

同24日には、第2章で詳述したが、保守系の改進党や、自由党を除名された石橋湛山、岸信介や自由党脱党者ら反吉田勢力が集まり、「日本民主党」(鳩山総裁、衆院議員120人)を結成。岸と佐藤は兄弟だが、吉田に関しては意見が全く違った。

自由党は同28日、吉田総裁の勇退と、緒方副総理の総裁就任を決定し、次の国会は吉田首相のままで行くことにした。12月7日に民主、左右両派社会党の3党共同で内閣不信任案が上程される。もう議員の数では少数与党の自由党は勝てない。吉田は衆院解散を主張した。だが、後任総裁の緒方が反対し、池田幹事長が泣きながら吉田をいさめた。ワンマン政治は限界に達した。内閣総辞職となり、吉田長期政権が終わった。

そして鳩山内閣が誕生する。翌55年2月の総選挙で自由党は87議席減らして112議席と惨敗し、第2党に転落。指揮権発動を行った長期政権党に、国民は厳しい審判を下したのである。同11月、民主、自由両党が保守合同し、衆院議員が300人近くにもなる自由民主党が誕生した。初代総裁は翌年に鳩山が選ばれた。

前述したが、吉田と佐藤は新党に参加しなかった。佐藤は指揮権発動までして逮捕から守ってくれた吉田に殉じたのだ。二人が自民党に入党するのは、吉田政権を倒した鳩山が総理総裁を退いた後の57年だった。

7 内部からも出た〝検察暴走〟批判

〝政敵の置き土産〟恩赦で救われた佐藤氏

第5次吉田内閣が総辞職する1週間前の54年11月30日、佐藤前幹事長は前述した主任弁護人である松阪広政・元司法大臣、「昭電疑獄」を捜査指揮した福井盛太・前検事総長ら大物弁護士と共に、東京地裁での初公判に出廷した。

佐藤の起訴内容は、自由党本部の会計責任者と共謀し、53年に船主協会、造船工業会など5団体・会社からの寄付計5500万円を党の会計帳簿に記載せず、一部は虚偽の記入をしたというもの。公判で証人として出廷した海運会社の社長は、佐藤に渡したのは党への「政治献金」だと述べ、賄賂ではないと主張した。

2年間に60回の公判が続いていたが、56年12月19日、国連加盟の日に恩赦が行われた。選挙違反や政治資金規正法違反など政治活動に関係のある違反者が対象で、佐藤は免訴となり、裁判は判決の出る前に打ち切られた。恩師の吉田を倒した鳩山首相が内閣総辞職して退く前日のことで、佐藤は皮肉にも、〝政敵の置き土産〟に救われたのである。

指揮権発動と恩赦という二度の強運に恵まれた佐藤は12月23日の日記に、「国連加盟実現し大赦令［恩赦］発せられ、政治資金規制令［規正法］並びに選挙違反きえる」と書いた。佐藤はそれから4年間、日記を書かなかった。最後の「きえる」の3文字から、佐藤にとって、あの事件から解放されたことがいかに特別なことであったか、万感の思いが感じられる。

佐藤は事件に区切りを付けてから8年後の1964年に内閣総理大臣となり、師を超える7年8カ月の長期政権を築いた。首相時代の67年に亡くなった恩師、吉田茂を、首相経験者として戦後初の国葬として送った（追悼の辞の一部は本書「はじめに」に掲載）。そして、74年にノーベル平和賞も受賞した。

目立つ無罪判決

この事件では34人が起訴されたが、造船契約を結んだ造船会社からのリベートを受け取り、会社の経理に入れなかったとして特別背任罪に問われた海運会社幹部の10人は無罪となった。この罪が成立するためには、会社に損害を加える意図が必要となる。しかし、海運会社幹部らはリベートを、自社のために政治献金、機密費などとして使っていたので、検察の有罪主張は全く認められなかった。

また、国会議員らへの贈収賄事件でも、一部は「儀礼的なあいさつと雑談の中での金銭授受であり、賄賂性の認識がなかった」などとして無罪判決が言い渡された。特別背任を含めた一審無罪判決の大部分は、検察が控訴出来ないまま確定するという結果だった。

佐藤に恩赦が与えられた56年に検事に任官し、後に東京高検検事長を務めた藤永幸治氏は著書『特捜検察の事件簿』の中で、「この事件は、昭和電工疑獄事件の無罪率三一・五パーセントよりも低いが、それでも二一・五パーセントであり、現在では考えられない高い数字である」「当時の特捜部が勢いの赴くままに暴走しすぎた感がしないでもない」と述べている。

実は筆者が検察担当記者だった時（1981〜83年）の特捜部長が藤永氏で、捜査検事というより、証拠判断や法解釈に詳しい学者肌の検察官だった。穏健な方だが、吉田内閣と闘った当時の特捜部への厳しい記述に、筆者は驚かされた。

後の検事総長も捜査幹部に不信感

前述した通り、佐藤幹事長の容疑は、大型船建造で船会社が負担すべき融資の利子が半減された「外航船舶建造融資利子補給法」の改正法成立に関し、船主協会と造船工業会から謝礼として2000万円を自由党に供与させたという「第三者収賄」。賄賂を本人が直接受け取らず、自分と関係のある第三者に提供させるものだ。

同協会、同工業会は、佐藤が国会議員だからではなく、政権党の幹事長だから、金を贈ったと見るべきだろう。事件としての物的証拠は乏しいから、特捜部は佐藤を逮捕して、検察の主張に沿った自白を取りたかったのだが、それが出来なかった。

当時の捜査検事たちが「佐藤幹事長の有罪」を立証することが困難であったこと、捜査方針に疑問を持っていたことを書き残している。前述の伊藤栄樹・元検事総長は前掲『秋霜烈日』でこう書いた。

「この事実［第三者収賄］では、党に対する政治献金みたいなもので、佐藤氏が私腹をこやしたわけでもなく、迫力がない。他に佐藤氏が個人の預金口座に入れた口がいくつかわかっており、中にはこれまで名前の上がっていない海運会社からの分もあったのだから、どうしてそっちで逮捕しようとしなかったのだろう。今度の指揮権発動は、逮捕事実の選び方を間違えたことにもよるのではあるまいか、などと思ったものであった」

さらに、伊藤氏は捜査幹部に不信感を持っていた。「河井信太郎主任検事との捜査観の相違とでもいうべきもの、それと、判事出身の佐藤藤佐検事総長の人のよさに、［私は］相当な不安を抱いていたのである」

「河井検事は、たしかに不世出の捜査検事だったと思う。（中略）しかし、これが唯一の欠点といってよいと思うが、氏は、法律家とはいえなかった。法律を解釈するにあたって、無意識で捜査官に有利に曲げてしまう傾向が見られた」

「佐藤検事総長は、まことに人柄のよい方であったが、もともと裁判官の出身であったため、

［検察の］捜査会議の欠点を十分ご存じなく、強気の意見に引きずられがちであった」

このほかにも、この事件で取り調べた関係者の調書などが不十分で、当時の証拠関係では、もし裁判になっていたとしても、有罪に持ち込めたかどうか、疑問を抱いていた元検察幹部もいる。

指揮権発動でこの事件の捜査は、突然終わった。伊藤氏は、前掲『秋霜烈日』でその時の思いを率直にこう書き残した。

「私には、無念の思いに混じって、ホッとする気持ちがあることも否定できなかった。佐藤栄作幹事長を逮捕した後には、池田勇人政調会長を始め、なお何人かの国会議員の逮捕が予定されており、一体この事件はどこまで発展するのだろう、(独立回復してまだ日が浅い)日本の政治はどうなるのだろうといった漠然とした不安が胸にあった」

初の指揮権発動で、検察もまた救われたのだった。

8　指揮権発動の黒幕

事件の〝真相〟を書いた犬養元法相

疑獄事件の〝真相〟について、最初に書いたのは当事者だった。作家だから、いつかは執筆するだろうと言われていた元法相の犬養健本人が、指揮権発動から6年後の1960年、『文藝春秋』5月号に手記を発表した。要約して紹介する。

「当時、検察庁に対して大きな勢力を持っていた某政治家が、法務大臣たる私や検事総長を差しおいて、庁内のある有力者を吉田首相の身内に近づかせ、『自分の推薦する者を検事総長に任命すれば指揮権発動ぐらいのことは、必ず断行させてみせる』と豪語し、首相の周囲に指揮権発動を入れ知恵した」

「その一方、検察庁内のある上級幹部にも働きかけて、会議で『断固、佐藤栄作を起訴すべし』と全く正反対の強硬論を吐かせた」

「そのねらいは、指揮権発動の実現で、法務大臣、次官はもとより、検事総長ら検察庁の主な責任者を引責辞職させる。代わって彼の意中の男を検事総長に据え、法務大臣の後任には首相の身内と最も親しい衆議院議員を持って来る遠大な筋書きで、すでに本人の内諾まで取りつけていた」

「そのうちに吉田首相がひそかに検察の上級幹部と面会したというわさがたった。（中略）偶然にも［自分の法相辞任について話していた］緒方副総理の口から私［犬養］は首相官邸の裏門に止まっていた自動車の正体をほぼ突き止めた」などと記されている。

この手記には黒幕はもちろん、特定の検察幹部の名前は出ていないが、事件当時の最高検の次長検事、岸本義広氏が「自分を指している」として、犬養を名誉毀損《きそん》で東京地検に告訴した。間もなく犬養が亡くなったため、真相は解明されなかった。岸本は東京高検検事長で退官し、自民党に入って衆院議員となる。しかし、運動員ら200人が取り調べられ、144人が訴追されるという、当時としては過去最大の選挙違反事件を起こし、検察に逮捕されて議員を辞職、次の選挙でも落選した。

検察幹部と何度も会っていた緒方副総理

首相の吉田は、「緒方副総理の進言」で犬養法相に指揮権発動を命じたことを、前掲『回想十年 第1巻』で明らかにしている。黒幕に関し、緒方が鍵を握っているようだ。緒方は朝日新聞の新人記者の時に元号「大正」をスクープしたことで知られ、同社副社長、戦中期や終戦直後に国務大臣（情報局総裁など）を務めた。公職追放となったが解除後の52年に衆院議員となり、当選1回で第4次吉田内閣の内閣官房長官、副総理に。造船疑獄事件の当時も副総理として、高齢の吉田に代わり、実質的に第5次内閣を仕切っていた。

直木賞作家の三好徹が書いた『評伝緒方竹虎』によると、緒方の日記には驚くべき「闇」が記されている。事件捜査のさなかに緒方と検察幹部が、何度も会っていたのだ。最初の頃は、吉田首相に検察が直接、捜査報告していた。

事件捜査は54年の正月明けから始まったが、1月30日の緒方日記にはこう書かれている。

「馬場検事正（東京地検）よりの申出にて佐藤検事総長、吉田総理会見の希望あり。事件思わざる発展のため予《あらかじ》め判断を求めたしとのことの如《ごと》し。（中略）六時半目黒官邸訪問、検事総長同席、大体の見通しを聞く」

そして、緒方は2月に、馬場検事正と夜に面会。3月3日には、緒方は法務省の次官、刑事局長とほとんど徹夜で、捜査（2月に逮捕された自由党副幹事長の件）について話したことが書いてある。緒方日記の3月13日には、副総理官邸に来たある人（正体不明）を介しての伝言として「Bよりの連絡、漸《よう》く問題終局に近く」とある。Bは馬場検事正であるかどうかは分からない。しかし、この仲介人からの情報は間違いで、事件はさらに拡大していく。

法相のクビで事態を収める

指揮権についての知識を得た緒方は、嫌がる犬養にその発動を命じた。犬養は指揮権発動の直後、法相として辞表を提出して、翌日、辞任する。緒方は4月21日の日記にこう記した。

「検察庁法第十四条発動、相当のショックを与えたるようなり。検察側も大体事なきようなるも、犬養法務大臣の退官を条件（と）するが如し。急に検察庁に圧迫を加えたるに対しての不満のようなり」

緒方としては検察幹部に根回しをしたつもりだったが、検察は初の指揮権が発動されると、予想外に反発した。検察は自由党幹事長の佐藤逮捕をあきらめ、汚職事件の本格捜査を途中で終えるが、交換条件として法相のクビを求めた。吉田内閣は当初、犬養法相を辞めさせない予定だったが、辞任を認めて、検察も納得出来る形で事態を収めたのだ。副総理に検察の反応をすぐに伝え、大胆な落としどころも進言出来た検察幹部は、緒方と面識がある者に限られる。

緒方が指揮権発動に賛成した理由として前掲『評伝緒方竹虎』には、「ここで踏ンばらなければ、保守合同が実現しなくなるとみたこと、内閣の運命が検察の意向次第で決まるとなる事態を阻止すべきであると考えていたこと、と解釈されているが、そのほかにも、[事件は自由党副幹事長逮捕どまりで済みそうだという誤情報に]一杯くわされたという感情が作用したのではないか、と筆者[三好]は想像する」と記されている。

緒方日記でもう一つ、検察と政界の異様な近さを感じさせる記載がある。指揮権発動から半月たった5月9日の日曜日、「終日在宅静養。夜、河井検事と会見」。事件の主任検事で、佐藤幹事長ら政治家を取り調べた河井信太郎氏とも自宅で会っていたのである。

著者の三好氏は、「何のために両者が会ったのかは解釈に苦しむところである」と書いている。同書の現代文庫版の最後に、三好氏本人が読売新聞記者時代からの付き合いがあり、河井主任検事の下でこの事件を捜査した伊藤栄樹氏に、緒方・河井会談について、どう思うか聞いたことが記されている。三好氏も、黒幕が誰か知りたかったのだ。

この本の原著刊行当時（1988年3月）、検事総長を退官したばかりの伊藤氏は、「緒方と河井が会っていたなんて夢にも想わなかった。信じられない気分だ、（中略）自分にいえるのは、河井信太郎という人は法律家ではなかったということだ」とだけ述べたという。

実は三好氏と筆者は東京地検の特捜部長室で偶然、会って話したことがある。『評伝緒方竹虎』を発表する数年前の1984年頃だ。当時の河上和雄特捜部長と司法担当記者だった筆者が話していると、三好氏が突然、あいさつ代わりに片手を上げて部長室に入ってきたのだ。河上部長は三好氏の実弟だった。三好氏は検察に太い人脈を持った作家であった。

「問題は検察ではなく政権欲に駆られた政治家」

指揮権発動の黒幕について、検察出身者では前述の藤永幸治氏（河上氏の前任の特捜部長）が興味深い発表をしている。元検事総長5人を含む十数人の検察関係者を取材して、ついに特定したという。「推理していたとおり、検察部内の人であったことが悲しかった」と前掲『特捜検察の事件簿』で述べている。犬養元法相を訴えた前述の岸本・元次長検事ではない、別の検察の人だとしているが、実名の公表は避けている。

やはり、当時の検察内部に政権中枢と通じる人物がいたのだろう。すでに述べたように、当時の証拠では有罪に持ち込むのは難しかった。そこで、捜査段階で打ち切りにするため、検察側から妥協策として、指揮権発動を入れ知恵したという説もある。

一方、吉田首相は前掲『回想十年　第1巻』で「私の政治生活」と題する章の最後にこう書いた。

「尤《もっと》も私がここに遺憾とする点は、（中略）検察当局との応酬にあるのではない。真に問題とすべきは、徒《いたず》らに政権欲に駆られ、ひたすら私を政治的に傷つけようとする野心から、恐らくすべての事情を承知の上で、誇張歪曲してこれを利用した一部政治家の態度である」

吉田はこの事件を、自分を退陣させ、政権奪取を狙った政治家が仕掛けたものだと最後まで信じていた。

「検事総長はすぐに辞めるべきだった」

ところで、指揮権発動を受け、法相と意見が対立した時、検事総長はどのような対応を取るべきだったのか。当時の佐藤検事総長は「検察庁法に指揮権の規定があり、その発動は違法とは考えていない」と法相の指揮に従った理由を、判事出身者らしく説明した。

これに対し、自身がこの事件捜査に関わった伊藤元検事総長は後に、「佐藤総長は、当面必要最小限の指図をしたら、パッとお辞めになるべきだったと思っている」と反論している（前掲『秋霜烈日』)。

検察庁法を解説した著書『逐条解説 検察庁法』(63年刊行)で伊藤氏は、法相の指揮権発動と意見が対立した検事総長は、①従う、②従わない、③辞任する――の三つの対応があると説いている。検事総長が辞任すべき理由は、「よしと信じたことが法務大臣に拒否された以上、総長は、これに従うと否とを問わず、職を辞して国民の批判を仰ぐべきと考えたからである」と伊藤氏は述べた。

その後、伊藤氏が示した三つの対応は国会で取り上げられ、「法相の指揮権に検事総長が従わないのは問題だ」と、秦野章・元法相(旧内務省・警察庁出身、警視総監を務めた後に政界入り)が著書で批判したことがあった。これらを受け、伊藤氏は前掲『検察庁法』の新版(86年)で、「検察権を代表する者としての検事総長は、法相の指揮が違法でないかぎり言われたままに従うという態度をとることは許されないものとしなければならない」と記述した。

「従わない」の文字は消えたが、指揮権発動に検事総長が黙って従うことはない――「巨悪を眠らせるな」の名言を残し「ミスター検察」と呼ばれた伊藤氏の強い決意とプライドが感じられる。すなわち検察と内閣、政界との関係には、一定の緊張感が必要ということだ。それは、今日も変わってはいない。

第3章参考・引用文献

『佐藤榮作日記　第一巻』（朝日新聞社、1998）
『検察讀本』（河井信太郎著、商事法務研究会、1979）
『秋霜烈日』（伊藤栄樹著、朝日新聞社、1988）
『新版　検察庁法逐条解説』（伊藤栄樹著、良書普及会、1986）
『特捜検察の事件簿』（藤永幸治著、講談社現代新書、1998）
「〝指揮権発動〟を書かざるの記」（犬養健著、『文藝春秋』1960年5月号）
『指揮権発動』（渡邉文幸著、信山社、2005）
『恐慌と疑獄　東京地検特捜部』（山本祐司著、潮出版社、1998）
『評伝緒方竹虎』（三好徹著、岩波現代文庫、2006）
『回想十年』（吉田茂著、全4巻、東京白川書院、1982）
『特捜検察』（魚住昭著、岩波新書、1997）
『私の履歴書』（土光敏夫著、日本経済新聞社、1983）

おわりに――占領期を今、語る意義

却下された検閲連載

「77年前のGHQによる検閲を、ウクライナ戦争が起きている今、連載でやる意味があるのか。検閲は中国やロシアの問題じゃないか。こんな記事が英訳されて、読んだアメリカ人はどんな思いをすると考えているのか」

２０２２年の夏のことだ。私は占領期のGHQによる検閲を、戦後77年の戦争企画として10回ぐらいの連載で書こうと計画し、半年余をかけて取材や資料読みを続けてきた。ところが、予定していた記事の掲載先から、上記の理由で却下され、見送りとなってしまった。検閲に関する企画が、まだ記事になっていない段階の、原稿を検閲される前にボツとなったのである。

私はコロナ禍の２０２０年に「疑獄」、同年秋から翌21年6月にかけて「公職追放」の連載をネット版で記事化した。そして、占領期3部作のまとめとして「検閲」の連載を発表しようとした矢先のことだった。時間をかけて準備をし、ようやく執筆を開始したばかりの私にとって、掲載中止は衝撃の決定であった。１９７４年に新聞社に入社して、退職後も記事を書いている私にとって、こんなことは初めてだったからだ。

占領期のことは、戦勝国のアメリカ側が敗戦国の日本をいじめたケースが多いので、アメリカ側には歓迎されるものではないという感じはあった。しかし、記事を発表する場が今の日本で奪われるなどとは思ってもみなかった。

「昔のこと」はもう論ずべきではないのか

私憤をこの場で晴らすつもりは全くないが、GHQによる検閲を字にする意味、是非について、私見を述べてみたい。ウクライナ戦争が続いており、中国問題もある今日、「日米の絆をいっそう強めなければならない時だから、いつまでも昔の話などするな」と言いたい人もいるだろう。

現代の検閲は主にインターネットを対象にしたものが多く、ウクライナ戦争の当事国ロシアでは厳しい「ネット検閲」が続いているという。主に政権批判、戦争反対の内容が取り締まりの対象になっている。検閲とは、権力者（力を持った側）が、自分たちに都合の悪い記事などを掲載させない、発行・販売させない、自分たちの批判は許さないという点では、古今東西、だいたい同じだ。検閲が実に嫌なものであることは間違いない。

そんな検閲が、第1章で書いたように、占領期の日本で、世界で最も大規模に徹底して4年余も実施されてきた。戦争とは終戦で全てが終わるのではなく、戦後は戦勝国による占領政策でこうしたことが行われた。その事実は事実として、きちんと語り継いでいく必要があるのではないか。

もちろん、占領期の記事を書いて、反米になって仕返しを、などというのではない。終戦後もこういう嫌な体験をしなければならない戦争など、二度と起こさないためにも、あったことを伝えていかなければならない。それが同盟国同士の出来事であっても。私はそう信じている。

ＧＨＱの検閲は特に秘密機関が行っていたので、その実態はあまり知られていなかった。同胞を裏切る形の日本人検閲者は長い間、その事実を秘していた。しかし、彼らの中から、戦争の嫌な一面を多くの人たちに知ってもらいたいからと、体験を公表する人も出てきた。ＧＨＱ検閲をタブーなどにはしないで、その事実を明らかにすべきという思いに達したのだろう。

日米双方がなかったことにしたい「不都合な時代」

終戦から80年、日米両国とも占領期のことを語る人、正確に語れる人はあまり多くない。体験者が少なくなってきたこともあるが、当時のことをきちんと教えてもらっていないからだろう。日米双方が占領期のことをあまり正確に教えたくない本音の一つは、「日本にとっては屈辱の体験だし、米国側も日本をいじめすぎた加害者意識があるので、日米双方がもう思い出したくない」からではないか。

日米は今日、強い同盟国となったが、その関係は決して対等ではなく、日本は常に米国の顔色をうかがっているという声は根強い。そのような関係性のルーツともいえる占領期のことを知らず、戦争が終わって両国がすぐに仲良くなったと思い込んでいる世代が増えている。こうして、占領期はいつの間にか日米両国にとって存在しない方がよかった「不都合な時代」になってしまった。そして今、両国民に忘れ去られようとしている。

だが、ウクライナ戦争が実際に起きて、いかに戦争が悲惨なものか、日本人の多くが改めて思い知った。その後も世界で戦火が広がっている今こそ、日本が苦しみ、民族の誇りさえ失いかけた占領期の「闇」の歴史も知り、戦争のむごたらしさを胸に刻み付けるべきではないか。二度と戦争をしないために。

検閲の記事が日の目を見るまで

書き出しで述べた経緯で、記事発表の場を失った私は、とにかく原稿執筆を急いだ。そして、何とか出版出来ないかと考えたが、自作を本にした経験のない私にとっては、生易しいものではなかった。今回、書籍化されて「検閲」の記事が日の目を見るまでに2年がかかってしまった。

この間、長年の友人である大手出版社勤務の四方田隆さんには大変お世話になった。初めての掲載拒否を体験し、孤立感を深めていた私に、彼は「きちんと最後まで原稿を書きなよ。出版社は僕が探してみるから」と元気付けてくれた。この言葉で私は執筆を再開することが出来た。2カ月かけて原稿は出来上がったが、〝出版不況〟が続く中、この世界の専門家である彼であっても、出版社探しは難航した。友人の域を超えた四方田さんのご厚情に深く感謝している。

もう一人の恩人は、ジャーナリストで作家の手嶋龍一さんである。7年ほど前だが、65歳を過ぎてフリーのライターとなった私に、初対面にもかかわらず記事を執筆し、発表(ネット配信)する場を提供してくれた。さらに、「ニュースを追いかけるだけでなく、年に1回くらいは長期の連載を書いたら」と貴重なアドバイスをいただいた。そして、私の疑獄、公職追放の連載記事を読んで、「必ず本にしようよ」と力付けてもらった。その夢が私にとってどんなに励みになったことか……。

こうして、ほめ上手のお二人に支えられて、本書が誕生することになる。また、「はじめに」で紹介したオーソリティお二人の指導がなければ、書き上げることは出来なかった。増田弘先生と山本武利先生に改めて深く感謝申し上げたい。

今回の出版化の話は、この企画が幻冬舎の新書編集長、小木田順子さんの目に留まったことから具体化した。「幻冬舎新書」全体の仕事を続けながら、出版に関して〝新人〟の私を指導してくださった小木田さんに、お礼申し上げる。

2025年1月（戦後80年となる年の初めに）

斉藤　勝久

初出

第1章　隠された、GHQによる「検閲」
全て書き下ろし

第2章　占領期最大の恐怖「公職追放」
ニッポンドットコム配信2020年11月11日～21年6月15日
（連載14回）
一部を加筆修正

第3章　内閣が倒れた昭電・造船「疑獄」
ニッポンドットコム配信2020年5月18日～同7月16日
（連載8回）
一部を加筆修正
連載当時のタイトルは「戦後初期、内閣が倒れた二つの疑獄事件」

著者略歴

斉藤勝久《さいとうかつひさ》

一九五一年生まれ。ジャーナリスト。

早稲田大学政治経済学部卒業後、読売新聞社に入社。

社会部で司法を担当したほか、八六年から八九年まで宮内庁担当。

「昭和の最後の日」や平成への代替わりを取材。

医療部にも在籍。読売・日本テレビ文化センター横浜センター長。

二〇一六年からフリーに。

ニッポンドットコムで一八年に「スパイ・ゾルゲ」を連載。

同年九月から皇室の「2回のお代替わりを見つめて」を一五回にわたり連載。

主に近現代史と皇室の取材・執筆を続けている。

幻冬舎新書 753

占領期日本 三つの闇
検閲・公職追放・疑獄

二〇二五年一月三十日 第一刷発行

著者 斉藤勝久
発行人 見城徹
編集人 小木田順子
発行所 株式会社 幻冬舎
〒一五一-〇〇五一 東京都渋谷区千駄ヶ谷四-九-七
電話 〇三-五四一一-六二一一(編集)
〇三-五四一一-六二二二(営業)
公式HP https://www.gentosha.co.jp/
ブックデザイン 鈴木成一デザイン室
印刷・製本所 株式会社 光邦

Printed in Japan ISBN978-4-344-98756-2 C0295
さ-29-1

*この本に関するご意見・ご感想は、左記アンケートフォームからお寄せください。
https://www.gentosha.co.jp/e/

幻冬舎新書

半藤一利
歴史と戦争

幕末・明治維新からの日本の近代化の歩みは、戦争の歴史でもあった。過ちを繰り返さないために、私たちは歴史に何を学ぶべきなのか。八〇冊以上の著作から厳選した半藤日本史のエッセンス。

半藤一利
歴史と人生

失意のときにどう身を処すか、憂きこと多き日々をどう楽しむか。答えはすべて、歴史に書きこまれている。敬愛してやまない海舟さん、漱石さん、荷風さん、安吾さんの生き方ほか、歴史探偵流・人間学のエッセンス。

保阪正康
戦争の近現代史
日本人は戦いをやめられるのか

なぜ近代日本は戦争に突き進んだのか？　戦争を回避する手段はなかったのか？　明治・大正と昭和の戦争の違いとは？　本書では日本近現代の戦争の歴史から、次代の日本のあるべき姿を提言する。

古谷経衡
敗軍の名将
インパール・沖縄・特攻

インパール作戦の佐藤幸徳・宮崎繁三郎。沖縄戦の八原博通。芙蓉部隊の美濃部正。戦争という狂気の時代に、暗愚な上官・中央の命令に抵抗して信念を貫いた４人の指揮官の決断と行動に学ぶ。

高尾栄司
ドキュメント 皇室典範
宮沢俊義と高尾亮一

昭和21（1946）年、始まる天皇と日本の受難。「天皇を売った男」東大教授・宮沢俊義と「天皇を守ろうとした男」宮内庁参事官・高尾亮一の壮絶な闘い！ 運命を分けた真実のドキュメンタリー！

辻田真佐憲
大本営発表
改竄・隠蔽・捏造の太平洋戦争

日本軍の最高司令部「大本営」。その公式発表は、戦果を5倍、10倍に水増しするのは当たり前。恐ろしいほどに現実離れした官僚の作文だった。今なお続く日本の病理。悲劇の歴史を繙く。

本郷和人
喧嘩の日本史

歴史の転換点となった戦いも、始まりは些細な「喧嘩」であることが多い。なぜ大きな戦いになったのか。源頼朝VS弟・義経、井伊直弼VS水戸・薩摩藩ほか、平安から幕末までの10の「喧嘩」を検証。

NHKスペシャル取材班
新・幕末史
グローバル・ヒストリーで読み解く列強vs.日本

黒船来航から戊辰戦争まで、幕府と反幕府勢力の戦いの背後では、欧米列強が日本への影響力強化を目論み、攻防を繰り広げていた。日本はなぜ独立を守れたのか。最新研究から明らかになった、激動の十六年の真実。

山口仲美
千年たっても変わらない人間の本質
日本古典に学ぶ知恵と勇気

実は性格が悪かった『竹取物語』のかぐや姫、華やかな女性遍歴ののち、人間の業に苦しみ、中年男性として成熟していく光源氏ほか。平安時代の文学作品は、現代の私たちに役立つ知恵と勇気の宝庫だ！

佐藤優　本村凌二
宗教と不条理
信仰心はなぜ暴走するのか

宗教対立が背景にあるイスラエル・ハマス戦争など、国内外の宗教問題の影響で人々の宗教への不信感は増す一方だ。なぜ宗教は争いを生むのか？　宗教に関する謎について二人の権威が徹底討論。

中川浩一
ガザ
日本人外交官が見たイスラエルとパレスチナ

パレスチナとイスラエルはなぜ憎しみあい、殺しあうのか？　イスラエルとガザに駐在し、PLOアラファト議長の通訳も務めた元外交官が書き下ろす、ガザの歴史と実情のすべてがわかる本。

中野剛志
世界インフレと戦争
恒久戦時経済への道

世界的インフレの背後にあるのはグローバリズムの終焉という歴史的な大変化だ。この変化を見誤った日本に生き残る道はあるのか。インフレの歴史と構造を俯瞰し、あるべき経済の姿を示した渾身の論考。